D1995195

Thomas Kusserow

Der Mathe-Dschungelführer

Lineare Algebra

Das Gauß-Verfahren

Thomas Kusserow
Der Mathe-Dschungelführer
Lineare Algebra: Das Gauß-Verfahren

1. Auflage 10/2009

Idee, Gestaltung und Text: Thomas Kusserow
Alle Rechte und die Verantwortung für den Inhalt liegen beim Autor.

Internet: www.mathe-dschungelfuehrer.de
Email: info@der-abi-coach.de

Druck & Verlagsservice:
www.1-2-Buch.de – Buchprojekte kostengünstig realisieren
27432 Ebersdorf

Ein Titeldatensatz für diese Publikation ist bei der
Deutschen Nationalbibliothek erhältlich.

Eigenbetrieb Kulturinstitute
Stadtbibliothek Darmstadt
Ausgeschieden

Das Buch dient als wertvolle Unterstützung für Schüler, die die relativ hohen Kosten des persönlichen Nachhilfeunterrichtes scheuen. Es kann weder den Unterricht, noch die regelmäßige Teilnahme an den Hausaufgaben oder die persönliche Unterstützung durch einen kompetenten Nachhilfelehrer ersetzen. Nutze es wie eine gute Ergänzung, und es wird eine gute Ergänzung sein!

Dieses Buch wurde mit großer Sorgfalt und auf Basis gängiger Lehrmaterialien erstellt. Dennoch kann nicht ausgeschlossen werden, dass sich Fehler oder formale Abweichungen zu deinem Lehrmaterial finden. Es kann daher keine Haftung für die Vollständigkeit und Richtigkeit der Inhalte übernommen werden.

Sollten in diesem Buch wider Erwarten die Marken-, Patent-, Namens- oder ähnliche Lizenzrechte Dritter verletzt worden sein, so bittet der Autor um sofortige direkte Kontaktaufnahme. Bei berechtigten Beschwerden sichert der Autor sofortige Behebung des verletzenden Tatbestandes zu. Daher ist es nicht erforderlich, einen kostenpflichtigen Anwalt einzuschalten.

Aus Gründen der Übersichtlichkeit wird jeweils nur die männliche Form eines Wortes genannt. Mit „Schülern“ sind selbstverständlich auch die Schülerinnen gemeint. In Anlehnung an den Nachhilfeunterricht für die Zielgruppe der 16- bis 20-Jährigen, die meistens mit „Du“ statt mit „Sie“ angesprochen werden möchten, verwendet dieses Buch die 2. Person Singular.

Der Autor ist für jeden Verbesserungshinweis dankbar. Fragen, Lob und Kritik können auf www.mathe-dschungelfuehrer.de übermittelt werden. Dort findet sich auch das aktuelle Verlagsprogramm.

ISBN 978-3-940445-55-1

Inhalt

Vorwort

Das Gauß-Verfahren ist als universell einsetzbares Lösungsverfahren so etwas wie die „eierlegende Wollmilchsau“ für sehr viele Problemstellungen in der Abitur-Mathematik und darüber hinaus. Ich gebe nun schon seit vielen Jahren Nachhilfe und bin selbst immer wieder überrascht, für was man es alles einsetzen kann. Aufgrund seiner Vielseitigkeit und der systematischen Vorgehensweise, die erfahrungsgemäß besonders den schwächeren Schülern zu Gute kommt, bin ich ein großer Fan dieser Lösungsmethodik geworden. Das Gauß-Verfahren kann beispielsweise immer dann eingesetzt werden, wenn es um folgende Themen geht: Räumliche Lagebeziehungen zwischen Punkten, Geraden und Ebenen in Parameterform, Lösen linearer Gleichungssysteme, Bestimmung des Ranges einer Matrix, Steckbriefaufgaben bzw. Rekonstruktionsaufgaben, Rechnen mit Matrizen und Vektoren, Linearkombination von Vektoren und lineare Abhängigkeit, Vektorbasis und viele mehr.

Da es nach meinen aktuellen Beobachtungen an den Schulen ein wenig aus der Mode zu kommen scheint, hoffe ich, mit diesem Buch etwas dagegen zu halten und neben den Erklärungen auch Werbung für das Verfahren selbst zu machen. Daher ist der Aufgabenteil (ab Seite 39) von einer Reihe Fachaufgaben geprägt, die nicht unbedingt in jedem Bundesland zum Abitur-Prüfungsstoff gehören. Ganz im Stile des Mathe-Dschungelführers lassen die ausführlichen Lösungen aber keine Fragen offen – zumindest die Fragen, die das Gauß-Verfahren selbst betreffen.

Ich habe in diesem Buch wieder einmal versucht, den Bogen über alle möglichen Darstellungsformen und Lösungsstrategien zu spannen, die unter dem Namen Gauß-Verfahren in verschiedenen Fachbüchern, Unterrichten und Internetseiten herumgeistern. Davon gibt es leider unzählige ☹. Bitte nimm es mir deshalb nicht übel, wenn sich im Folgenden Abweichungen ergeben zu dem System, das in deinem Kurs als das einzig wahre propagiert wird. Mit ein wenig Flexibilität wirst du mein System sehr schnell verstehen und die Vorteile erkennen. „Mein System“ beinhaltet folgende Merkmale:

- Brüche und Komma-Zahlen sollen vermieden werden, aber nicht um jeden Preis
- Brüche sind besser als Kommazahlen (da keine Rundungsfehler in Zwischenergebnissen)
- Ein lineares Gleichungssystem (LGS) wird auf seine wesentlichen Merkmale reduziert (Rechnen mit der sogenannten „Gauß-Matrix“)
- Jede Zeilenrechnung wird mit römischen Ziffern rechts neben der Zeile notiert.

Zur seriösen Behandlung dieses Themas gehört es, einiges zur Grundproblematik der Lösbarkeit von linearen Gleichungssystemen zu sagen. Darum ist der erste Teil dieses Buches, die Wiederholung aus der Mittelstufe, relativ umfangreich ausgefallen. Falls dir dort nicht alles klar wird, dann ist noch nichts verloren. Denn gerade das Gauß-Verfahren zeigt jedermann mit seiner Systematik, welcher der drei Fälle der Lösbarkeit eintritt, also ob ein Lineares Gleichungssystem (Abkürzung: LGS) erstens eindeutig lösbar ist, zweitens unlösbar ist oder, dies ist Möglichkeit drei, unendlich viele Lösungen hat.

Hat man es einmal verstanden, kann man nur noch an sich selbst scheitern. Die meisten Fehler passieren den Schülern bei diesem Thema, weil sie sich verrechnen, meistens im Zusammenhang mit negativen Vorzeichen. Sei also bitte immer sehr sorgfältig bei deinen Rechnungen und nimm dir die nötige Ruhe und Zeit, im Training wie in der Prüfung. Der Standardspruch, den ich immer wieder höre: „In der Prüfung rechne ich dann ruhiger" ist aus meiner Sicht nichts anderes als glatter Selbstbetrug – wer ist in einer Prüfungssituation schon ruhiger als in der Trainingsphase?

Übrigens: Dieses Buch ist das mittlerweile zehnte in der Mathe-Dschungelführer-Serie und während es entstand, ging irgendwo in Deutschland der eintausendste (!) Mathe-Dschungelführer über den Ladentisch oder in den Postversand. Mein Dank gilt allen, die diesen Erfolg durch ihr Vertrauen und durch die freiwillige Abgabe von Weiter-Empfehlungen möglich gemacht haben. Macht weiter so, Leute, und erzählt der Welt von diesem Buch!

Zum Autor

Thomas Kusserow ist Jahrgang 1974, Diplom-Wirtschaftsingenieur und verheiratet. Schon zu seinen eigenen Schul- und Studienzeiten gab er Nachhilfe, hauptsächlich in Mathe und naturwissenschaftlichen Fächern. Nach einer 5-jährigen Tätigkeit als Angestellter in der Industrie, in der keine Zeit für Nachhilfe war, ist er seit 2004 selbständig. Der Schwerpunkt seiner heutigen Tätigkeit liegt in der Nachhilfe für Oberstufenschüler und Studenten, hauptsächlich in Mathe und Physik. Die meisten davon verzeichnen schon nach kurzer Zeit deutliche Erfolge. Aktuelle Informationen rund um seine Nachhilfe finden sich auf der Webseite www.der-abi-coach.de.

So benutzt du dieses Buch

Dieses Buch ist für das intensive Selbst-Studium konzipiert. Das bedeutet: Es gibt keinen einzigen richtigen Weg, wie du es benutzen solltest. Während die meisten wahrscheinlich am besten bedient sind, wenn sie es von vorne nach hinten durcharbeiten, möchte so mancher nur die Aufgaben trainieren und mit seiner eigenen Lösung vergleichen.

In Abschnitt 1 geht es um vieles Grundsätzliche zum Thema Gleichungen und Gleichungssysteme, das man wissen sollte, wenn man das Gauß-Verfahren (und andere Lösungssysteme) nicht nur wie ein Roboter abarbeiten will. Dort möchte ich deine Aufmerksamkeit dafür schärfen, dass Gleichungssysteme nicht immer eindeutig lösbar sind und dass diese Fälle – ohne Gauß-Verfahren gerechnet – großes Fehlerpotenzial in sich tragen.

In jedem Fall rate ich dringend, immer einen Bleistift, Taschenrechner und ein weißes Blatt Papier griffbereit zu haben. Denn der Lerneffekt tritt erst dadurch ein, dass du selbst versuchst, das Dargestellte zu entwickeln. Ich bin ein sehr liberaler Mensch und fordere nicht jedes Mal explizit zum Nachrechnen auf, denn ich denke, dass meine Leserschaft schon in dem Alter ist, dass sie selbst beurteilen kann, an welchen Stellen man das Lesetempo drosseln muss. Spätestens bei den Übungsaufgaben (ab Seite 39) sollte aber jedermann die Prüfungssituation simulieren.

Das Gefühl, wie es ist, wenn man vor einem weißen Blatt Papier sitzt und dabei alles selbst richtig hin bekommt, kann man jedenfalls nur kennenlernen, wenn man sich dieser Situation in einer Übungsumgebung aussetzt. Sei also nicht zu vorschnell mit dem Aufschlagen der Musterlösungen, und lies sie am besten nur so weit, bis du den roten Faden wieder aufgenommen hast. Je mehr du selber kämpfst, umso stärker kannst du in die nächste Prüfung gehen!

Übrigens: Es ist gut möglich, dass deine Zwischenergebnisse, also die neu entwickelten Zeilen bzw. Gleichungen eines Systems, von denen in meiner Musterlösung abweichen, z.B. durch das Vorzeichen. Das macht nichts, solange die Lösungen, die ich stets am Ende liefere, auch in deinen Zeilen einer Probe standhalten! Die Lösung muss in jeder Zeile, die sich auf dem Weg zur Lösung ergibt, passen. Damit genug der Vorrede: Viel Erfolg mit dem Gauß-Verfahren!

1. Wiederholung aus der Mittelstufe

1.1. Wiederholung: Das Additions- und Subtraktionsverfahren

In der Mittelstufe lernt man irgendwann, wie man zwei Gleichungen mit zwei Unbekannten[1] löst. Es gibt im Wesentlichen fünf grundsätzlich verschiedene Verfahren:

1. Einsetzungsverfahren
2. Gleichsetzungsverfahren
3. Additionsverfahren
4. Subtraktionsverfahren
5. Grafische Lösung (meist mit den Variablen x und y)

Allein diesen fünf Verfahren könnte ich jeweils einen ganzen Mathe-Dschungelführer Band widmen. Dazu ist es aber aus Zeitmangel noch nicht gekommen. Die ersten vier heißen übrigens „Eliminationsverfahren", weil man durch Verarbeitung von zwei Gleichungen eine neue Gleichung bekommen kann, bei der eine der Variablen entfernt, also „eliminiert" wurde. Nicht nur bei der Mafia gibt es also das Eliminieren von Unbekannten...☺

In diesem Buch, und übrigens in allem, was du zum Gauß-Verfahren lesen wirst, beschäftigen wir uns ausschließlich mit den sogenannten **linearen Gleichungssystemen**, die ich analog zu den meisten Büchern ab jetzt mit **LGS**[2] abkürzen werde. Ein typisches lineares Gleichungssystem könnte so aussehen:

$$\begin{aligned} &(\text{I.}) \quad 3x + y = 8 \\ &(\text{II.}) \quad x - 2y = 5 \end{aligned}$$

Bevor wir uns an die Lösung machen, noch ein paar kurze Definitionen:

Übrigens:

Zum Gauß-Verfahren und all diesen Wiederholungen gibt es auch einen e-learning-Kurs für den heimischen PC aus der Mathe-Dschungelführer-Serie.

- noch mehr Erklärungen
- noch mehr Wiederholungen aus der Mittelstufe
- und noch mehr Varianten als in diesem Buch.

Mehr dazu auf der vorletzten Seite dieses Buches.

[1] auch als „Variablen" bezeichnet

[2] Zu vielen dieser Fachbegriffe findest du am Ende dieses Buches im Glossar (ab Seite 59) noch einmal eine Kurzerklärung.

Gleichungssysteme sind mehrere Gleichungen mit mehreren Variablen, wobei die Lösung eine Aussage über die Variablen ist, die in jeder einzelnen Gleichung gelten muss.

Lineare Gleichungssysteme (LGS) sind Gleichungssysteme, bei denen jede Gleichung folgender Form entspricht.

$$a_1x + a_2y + a_3z = r$$

Dabei sind a_1, a_2 und a_3 die Vorfaktoren (sogenannte „Koeffizienten"), x, y und z die Variablen bzw. Unbekannten und r das Ergebnis, die „rechte Seite" der Gleichung.

Noch einige Zusatzbemerkungen:

- Alle beteiligten Größen sind Elemente der reellen Zahlen $\mathbb{R}$. Das heißt insbesondere, dass die a-Werte auch schon mal Null, eins oder negativ sein können, was auch die äußere Gestalt einer solchen Gleichung beeinflusst.
- r bezeichnet man manchmal auch als die „dimensionslose[1] Größe" der Gleichung.
- Selbstverständlich heißen die Variablen nicht immer x, y und z und manchmal können es zwei, manchmal auch mehr als drei Variablen sein.
- Der Begriff „lineare" Gleichungen kommt daher, dass alle Variablen in einem „linearen" Zusammenhang stehen: Es gibt um die Variable herum keine Potenzen[2], keine Brüche, keine Wurzeln und keine Multiplikation mit anderen Variablen.
- Nicht immer stehen die linearen Gleichungen gleich in der oben dargestellten Form. Beispielsweise wäre auch möglich $\frac{a_1}{r}x + \frac{a_2}{r}y + \frac{a_3}{r}z - 1 = 0$. Für das Gauß-Verfahren sehr wichtig und im Übrigen auch für alle anderen Verfahren kein schlechter Stil ist es, wenn du als Erstes durch Umformschritte immer dafür sorgst, dass jede der Gleichungen in der im Kasten dargestellten Form auftritt: also alle Variablen nach links, alles ohne Variable nach rechts vom Gleichheitszeichen.

[1] vergleiche Glossar Seite 59.

[2] außer natürlich „hoch eins", was man aber nicht hinschreibt

Damit genug der Vorrede. Es folgt ein Beispiel zur Lösung mit dem Subtraktionsverfahren. Alle Variablen stehen beim gegebenen LGS bereits untereinander.

$$
\begin{array}{lll}
\text{(I.)} & 3x + y = 8 & \\
\text{(II.)} & x - 2y = 5 & \mid \cdot 3
\end{array}
$$

Hochmultiplizieren bzw. Herstellen der Koeffizientengleichheit bei x

Gleichheitszeichen unter Gleichheitszeichen

y unter y

x unter x

Durch die Rechenoperation $\cdot 3$ in Gleichung II, die man häufig rechts neben die Ausgangsgleichung schreibt, wird dafür gesorgt, dass man beim Verrechnen von I und II tatsächlich eine der Variablen eliminiert. In diesem Fall das x. Die hochmultiplizierte Zeile nenne ich II_a.

$$
\begin{array}{lll}
\text{(I.)} & 3x + y = 8 & \\
\text{(II}_a\text{.)} & 3x - 6y = 15 & \mid -
\end{array}
$$

Das Minuszeichen steht für SUBTRAKTION von Gleichung I.

$$7y = -7$$

$$8 - 15 = -7$$

$$y - (-6y) = 7y$$

$$3x - 3x = 0$$

$$
\begin{array}{rl}
7y = -7 & \mid :7 \\
y = -1 &
\end{array}
$$

Die neue Zeile enthält nur noch eine Unbekannte und kann aufgelöst werden.

$$
\begin{array}{lrl}
\text{(I.)} & 3x + (-1) = 8 & \mid +1 \\
& 3x = 9 & \mid :3 \\
& x = 3 &
\end{array}
$$

Einsetzen vom jetzt bekannten y in irgendeine Gleichung mit y und x, z.B. in I.

Dann Auflösen nach x.

$$\mathbb{L} = \{\, x = 3 \;;\; y = -1 \,\}$$

Angabe der Lösungsmenge (mit dem Doppel-L)

Möglicherweise habt ihr im Unterricht oder im Lehrbuch für das Eine oder Andere leicht abweichende Schreibweisen oder Schritte verwendet. Vielleicht habt ihr nicht von einem Subtraktionsverfahren gesprochen, sondern das Verrechnen zweier Gleichungen mit Minus auch als „Additionsverfahren“ bezeichnet[1]. Wenn man entsprechend mit $\cdot (-3)$ hochmultipliziert, könnte man z.B. auch allein mit der Plus-Rechnung beim Verrechnen der beiden Gleichungen auskommen.

[1] Dies ist durchaus legitim, denn gelegentlich wird der Begriff Addition auch als Oberbegriff für die Plus und Minus- Rechnung verwendet.

Ich will die Seiten dieses Wiederholungsteils nicht unnötig damit belegen, über die unterschiedlichen Schreib- und Denkweisen zu philosophieren, die ohnehin bei jedem Lehrer wieder anders sein können. In jedem Fall gibt es beim Additions- bzw. Subtraktionsverfahren immer einige Schritte, die so oder ähnlich der Reihe nach abgearbeitet werden müssen:

<u>1. Schritt: Sortieren</u>

Alle Gleichungen so weit bearbeiten, dass links die Variablen in immer gleicher Reihenfolge sortiert sind und rechts das Ergebnis.

<u>2. Schritt: Koeffizientengleichheit herstellen</u>

Bei einer der Variablen dafür sorgen, dass sie den gleichen Vorfaktor („Koeffizient") trägt wie in der anderen Gleichung. Dies gelingt, indem man entweder eine oder gleich beide Gleichungen mit entsprechenden Faktoren hochmultipliziert[1].

<u>3. Schritt: Addieren oder Subtrahieren beider Gleichungen</u>

Sind die Koeffizienten gleich, wird subtrahiert. Unterscheiden sie sich noch im Vorzeichen, dann werden die beiden Gleichungen addiert. In der neu entstehenden Zeile muss dann unbedingt eine der Variablen eliminiert sein.

<u>4. Schritt: Auflösen der neuen Gleichung nach der verbliebenen Unbekannten</u>

<u>5. Schritt: Einsetzen der gefundenen Unbekannten in eine der Ausgangsgleichungen</u>

Zur Ermittlung der anderen Unbekannten.

<u>6. Schritt: Angabe der Lösungsmenge</u>

Soweit meine kleine Wiederholung des Additions- bzw. Subtraktionsverfahrens. Vielleicht weißt du schon, dass man prinzipiell mit diesen Verfahren auch größere Gleichungssysteme lösen kann. Die Schwierigkeit besteht dann einerseits darin, sich in Zwischenschritten neue Gleichungen zu erstellen, die zueinander passen. Andererseits gehört auch eine Menge Grundwissen dazu, wie man bestimmte merkwürdige Zwischenergebnisse interpretiert, bei denen es nicht weiter geht, z.B. Aussagen wie $0 = 0$ oder $0 = 1$. In den nächsten Abschnitten mache ich dich für solche Eventualitäten fit, bevor wir uns dann dem Gauß-Verfahren widmen.

[1] Grundsätzlich ist es auch möglich, die Gleichungen durch einen Faktor zu dividieren. Im vorliegenden Beispiel hätte man Gleichung I auch durch 3 teilen können, um x auf den gleichen Koeffizienten 1 zu bringen. Dabei hätte man sich allerdings Brüche bei y und auf der rechten Seite eingehandelt.

1.2. Was sind eigentlich Gleichungen?

Seit ewigen Jahren beschäftigt ihr euch im Matheunterricht mit Gleichungen. Dabei geht leider oft die eigentliche Bedeutung von Gleichungen mit Unbekannten unter. Wer in den nächsten zwei Jahren Abitur machen möchte, muss sich jetzt wieder über diese Bedeutung klar werden: also die mathematischen Aussagen, die mit Gleichungen vorgegeben werden. Gleichungen zeigen mit der „Sprache" der Mathematik letztlich nur an, dass die linke und die rechte Seite, also das, was links und rechts vom Gleichheitszeichen steht, auch wirklich die gleiche Zahl sein soll. Einige Beispiele von Gleichungen:

$5=5$ $\qquad \frac{1}{3}=0,\overline{3}$ $\qquad 1+1=2$ $\qquad \frac{6}{8}=\frac{3}{4}$ $\qquad \left(\frac{3}{4}\right)^2=\frac{9}{16}$

Treten in der Gleichung Unbekannte auf (auch Variable genannt), dann ist die Gleichung quasi als eine **Forderung** zu betrachten, was diese Unbekannten erfüllen sollen. Beispiele:

$5=x$	Die Variable x soll 5 ergeben bzw. ist gleich 5.
$2a-3=17$	Wenn die Variable a verdoppelt wird und man dann 3 abzieht, ergibt sich die Zahl 17.
$2y=x$	Die Zahl x ist doppelt so groß wie die Zahl y.
$y=\frac{1}{2}x$	Die Zahl y ist halb so groß wie die Zahl x.

All dies sind Gleichungen. Als Schüler, der aus der Mittelstufe kommt, hast du wahrscheinlich einen anderen Blickwinkel auf diese Gleichungen. $1+1=2$ ist für dich uninteressant, du würdest es allenfalls als „Probe" ansehen, die sich z.B. ergibt, wenn man irgendeine Rechnung zum Schluss noch einmal (durch Einsetzen einer Unbekannten) überprüfen will. $5=x$ würdest du wohl als „Lösung" ansehen, denn zu berechnen gibt es hier ja nichts mehr. Demgegenüber würden die meisten wohl $2a-3=17$ als „Aufgabe" bezeichnen. Als Nachhilfelehrer, der um eine leicht verdauliche Einführung in den Umgang mit Gleichungssystemen bemüht ist, bringe ich eingangs immer wieder solche Beispiele. Dabei erlebe ich es leider nicht selten, dass sich viele Schüler in einem blinden Reflex erstens freuen, dass sie das Dargestellte kennen, sich zweitens dann gleich über die Lösung, also den Wert für a Gedanken machen und mir drittens dann gar nicht mehr weiter zuhören. Da mich dies manchmal ziemlich nervt, habe ich es die „Hasso-Such-Mentalität" getauft. Wenn man dem

Hund Hasso ein Stöckchen wirft, wedelt er freudig mit dem Schwanz und macht sich sogleich auf die Suche – ganz gleich ob ich mit ihm nun gerade Stöckchen-Holen spielen wollte oder ihm nur erklären wollte, dass es PRINZIPIELL die MÖGLICHKEIT gibt, dieses Stöckchen zu holen, dass man dies aber unter bestimmten Umständen (z.B. das Stöckchen landet im Misthaufen…) NICHT UNBEDINGT TUN MUSS. In der Mittelstufe wurdet ihr „abgerichtet", solche Gleichungen sofort nach der Unbekannten aufzulösen. In der Oberstufe ist jedoch Nachdenken gefragt! Bei der Vektorrechnung bzw. linearen Algebra geht es darum, dass man zunächst erkennt, ob und vor allem unter welchen Bedingungen Aufgaben PRINZIPIELL LÖSBAR sind oder eben nicht. Falls du auch Gefahr läufst, in dieses beliebte Verhaltensmuster zu verfallen, dann entspann dich jetzt bitte einfach und lies ruhig weiter! Ich möchte jetzt nicht hören, dass a=10 ist! Und übrigens ist mir auch kein Hund bekannt, der es in der linearen Algebra besonders weit gebracht hätte…

Die letzten beiden Gleichungen $2y = x$ und $y = \frac{1}{2}x$ enthalten übrigens die gleichen Forderungen an die Variablen y und x. Mathematiker nennen dies **„äquivalente Aussagen"**, weil man Aussage 2 durch Äquivalenz-Umformung, hier nämlich durch Division mit 2, erzeugen kann. Wenn zwei Unbekannte in einer einzigen Gleichung stehen, gibt es keine konkrete Lösung dieser Variablen (Die Hasso-Such-Mentalität ist wieder zwecklos!). Die Lösung sind vielmehr **Wertepaare** (x; y). Vielleicht hast du das letzte Beispiel als **mathematische Funktion** aufgefasst. Dies wäre nicht verkehrt, denn mathematische Funktionen, bei denen häufig statt y auch f(x) steht, sind letztlich nichts anderes als eine Vorschrift, wie zwei Variablen, in diesem Falle x und y, miteinander zusammenhängen sollen. Und hoffentlich erinnerst du dich: Ein konkretes Wertepaar, z.B. $x = 2$ und $y = 1$, wird immer nur dann entstehen, wenn man eine der Variablen vorgibt. Genau so habt ihr es bei der Erstellung von Wertetabellen in der Analysis gemacht, frei nach dem Motto: Ich wünsche mir ein beliebiges x und schaue dann, welchen Wert das dazu passende y haben muss.

Gleichungen mit Variablen stellen bestimmte Forderungen, wie sich die Variablen zu den Zahlen bzw. zu den anderen Variablen verhalten sollen.

In der Mittelstufe hat ein Gleichungssystem meistens genauso viele Unbekannte wie Gleichungen und ist eindeutig lösbar. In der Oberstufe gilt dieser Grundsatz häufig nicht!

1.3. Die drei Fälle der Lösbarkeit im „Normalfall“

Bei Gleichungssystemen gibt es immer mehrere Gleichungen. Die beteiligten Variablen sollen so bestimmt werden, dass alle Gleichungen erfüllt werden, d.h. dass jeweils links und rechts vom Gleichheitszeichen die gleiche Zahl steht – und dies in allen Zeilen bzw. Gleichungen.

Ein Beispiel: (I.) $a = 2b - 1$ (II.) $-a = b - 14$

Die erste Gleichung fordert, dass das Doppelte der Zahl b um eins größer ist als die Zahl a. Diese Forderung allein ermöglicht noch nicht die Angabe einer konkreten bzw. eindeutigen Lösung, denn es gibt **unendlich viele Wertepaare (a;b),** die dieser Forderung gerecht werden. Nimmt man nun die Gleichung II hinzu, so ergibt sich eine neue Forderung, wie sich die Zahl a gegenüber der Zahl b verhalten soll. Auch diese zweite Forderung wird, für sich allein betrachtet, durch unendlich viele Wertepaare (a;b) erfüllt. Die Lösung des Gleichungssystems ist dasjenige Wertepaar (a;b), das beiden Forderungen I und II gerecht wird. Dies ist das **eindeutige Wertepaar** $a = 9$ und $b = 5$, also (9; 5).

Allen Lösungsverfahren für Gleichungssysteme ist gemeinsam, dass sie letztlich versuchen, aus einem **System mit mehreren Gleichungen und mehreren Unbekannten** immer **eine Gleichung mit einer Unbekannten** zu machen. Hier hätte man z.B. durch Addition der beiden Gleichungen das Zwischenergebnis $(I.) + (II.)\quad 0 = 3b - 15$ erhalten[1].

Wenn alles so läuft, wie man es aus der Mittelstufe kennt, können wir also in Sachen **Lösbarkeit** von Gleichungssystemen folgendes festhalten:

<u>Eine Gleichung</u> mit <u>einer Unbekannten</u> ist normalerweise <u>eindeutig lösbar</u>.

<u>Zwei Gleichungen</u> mit <u>zwei Unbekannten</u> sind normalerweise <u>eindeutig lösbar</u>.

<u>Eine Gleichung</u> mit <u>zwei Unbekannten</u> ist nicht eindeutig lösbar. Es gibt <u>unendlich viele Lösungen</u> in Form von Wertepaaren.

[1] Da in beiden Gleichungen schon alle Variablen untereinander stehen und das a in beiden den gleichen Koeffizienten 1 bzw. −1 hat, kann hier sofort mit Schritt 3 des auf Seite 10 beschriebenen Lösungsschemas begonnen werden.

Wer sich schon ein wenig mit der Materie befasst hat, und dies sind hoffentlich die meisten Leser, sollte wissen, dass es neben der eindeutigen und der unendlichen Lösbarkeit noch einen weiteren Fall gibt. Richtig – den der **Unlösbarkeit**!

Nehmen wir auch hier zunächst den Normalfall. Auf die zahlreichen Sonderfälle komme ich später noch zu sprechen. Stellen wir uns vor, das Gleichungssystem von oben besteht jetzt aus drei Gleichungen.

(I.) $a = 2b - 1$ (II.) $-a = b - 14$ (III.) $a = 2b + 1$

Jede Gleichung für sich stellt eine Forderung auf, wie sich a und b zueinander verhalten müssen. Nachdem wir oben gesehen haben, dass nur das Wertepaar (9; 5) die Gleichungen I. und II. gleichzeitig erfüllen kann, wäre das System nur dann lösbar, wenn genau dieses eine Wertepaar auch in Gleichung III. stimmte. Einsetzen von $a = 9$ und $b = 5$ liefert in der Probe:

(III.) $9 \stackrel{?}{=} 2 \cdot 5 + 1$

$9 \neq 11$

Die Probe schlägt fehl, also gibt es kein Wertepaar (a;b), das in der Lage wäre, allen drei Gleichungen gleichzeitig gerecht zu werden bzw. alle drei Forderungen gleichzeitig zu erfüllen. Mit anderen Worten: Es existiert hier keine Lösung bzw. nur die leere Lösungsmenge.

Übrigens: Im Verlaufe der meisten Lösungsverfahren erkennt man diesen Fall daran, dass eine Gleichung ohne Unbekannte entsteht, die eine mathematisch unwahre Aussage, also einen Widerspruch darstellt. Beispielsweise ergibt die Subtraktion $(I.) - (III.)$ $0 = 1$. Damit können wir obigen Kasten um den dritten wichtigen Normalfall, der Unlösbarkeit von Gleichungssystemen, ergänzen:

Ein Gleichungssystem, bei dem die Anzahl der Gleichungen größer ist als die Anzahl der Unbekannten, ist normalerweise unlösbar.

Warum liegt die Betonung auf dem Wort „normalerweise“? Bitte denke selbst ein wenig darüber nach. Ein kleiner Tipp: Überlege, was passiert, wenn zwei Gleichungen identische Forderungen an die beteiligten Variablen stellen, also mit gleichen Wertepaaren lösbar sind. Noch ein Tipp: Gibt es Fälle, in denen eine Gleichung mit einer Unbekannten nicht lösbar ist?

1.4. Wichtige Sonderfälle und Begriffe

In den Abschnitten 1.2. und 1.3. lege ich so viel Wert auf den Begriff „normalerweise“, weil es vorkommen kann, dass man zu Beginn einer Aufgabe mehr Gleichungen hat, als man zur Formulierung aller enthaltenen mathematischen Forderungen bräuchte. Jede neu hinzukommende Gleichung, die keine neue mathematische Forderung bringt, bezeichnen Mathematiker als **„redundante[1] Gleichung“**. Eine redundante Gleichung wiederholt also nur eine Forderung, die durch andere Gleichungen zuvor schon bekannt ist. Ein Beispiel:

(I.) $3x + 2y = 5$ (II.) $6x + 4y = 10$

Das Gleichungssystem hat unendlich viele Lösungen, obwohl ja „normalerweise“ ein System mit zwei Gleichungen und zwei Unbekannten eindeutig lösbar sein sollte. Multipliziert man I. mit dem Faktor 2, was ja die enthaltene mathematische Forderung nicht verändert, dann erhält man exakt Gleichung II. Wir sehen hier also **zwei identische mathematische Forderungen.** Das Subtraktionsverfahren würde hier früher oder später die Aussage $0 = 0$ liefern, die man dann interpretieren muss. Hier kann also eine redundante Gleichung weggestrichen werden (hier ist es sogar egal, welche) und letztlich bleibt eine Gleichung mit zwei Unbekannten. Also gibt es unendlich viele Lösungen. So einfach ist es leider nicht immer.

Bei einem Gleichungssystem mit 3 Gleichungen und 3 Unbekannten, welches redundante Gleichungen enthält, muss man genauer hinsehen. Manchmal ist es möglich, einfach eine der drei Gleichungen zu streichen. Wenn man Pech hat, ist es aber nur erlaubt, aus zwei bestimmten unter diesen drei Gleichungen eine zu streichen. Dann besteht die Gefahr, ausgerechnet die falsche zu streichen und damit wichtige Informationen (Forderungen) aus dem Gleichungssystem zu verlieren. Ich erspare dir hier entsprechende Beispiele und Verallgemeinerungen, denn bei mehr als drei Gleichungen wird es noch viel komplizierter. Am sichersten ist, man benutzt gleich das Gauß-Verfahren. Vergiss aber bitte nicht: Die Redundanz ist ein Sonderfall, normalerweise darf man gar nichts streichen!

Damit wäre die Frage beantwortet, was passiert, wenn zwei Gleichungen identische Forderungen an die beteiligten Variablen stellen: Man darf eine dieser Gleichungen ignorieren bzw. auf dem Lösungsweg wegstreichen.

---

[1] Redundant heißt so viel wie „überflüssig“ oder „wiederholend“. In der Technik wird der Begriff übrigens im Zusammenhang mit Sicherheitssystemen verwendet. Wenn man wichtige Daten z.B. auf zwei Festplatten gleichzeitig speichert, ist das Risiko ausgeschlossen, dass beim Ausfall einer Festplatte Daten verloren gehen. Die zweite Festplatte nennt man dann das redundante System. Besonders sicherheitskritische Systeme wie z.B. im Bankwesen, in der Luftfahrt oder in der Kerntechnik werden mehrfach redundant abgesichert.

Ich halte fest: Bei fast allen herkömmlichen Lösungsverfahren braucht man sehr viel Erfahrung und Überblick, um redundante Gleichungen zu erkennen[1] und dann auch noch die richtigen Schlussfolgerungen zu ziehen. Besteht Redundanz, darf nämlich eine Gleichung (manchmal sogar mehrere) aus der Aufgabe gestrichen werden – aber wer aus Versehen die falsche Gleichung streicht, der verliert wichtige Forderungen bzw. Aussagen über die Variablen. Hierbei ist das Gauß-Verfahren wirklich Gold wert: Die redundanten Gleichungen werden, falls vorhanden, immer automatisch auf dem Weg zur Lösung erkannt und es gehen keine mathematischen Forderungen verloren.

Damit zum zweiten Tipp: Gibt es Fälle, in denen eine Gleichung mit einer Unbekannten nicht lösbar ist? – Natürlich gibt es jede Menge davon! Ich könnte jetzt eine riesige Diskussion beginnen über die Grenzen der mathematischen Lösungsverfahren durch Umstellen von Gleichungen (z.B. ist die Gleichung $x \cdot 2^x = 1$ nicht nach x auflösbar). Oder über Aufgaben, die gegen allgemeine mathematische Konventionen verstoßen (z.B. $x = \sqrt{-1}$). Aber in der Abitur-Mathematik gelten solche Fragen zum Glück als schlicht unlösbar und im Themengebiet lineare Algebra kommen sie schließlich gar nicht vor.

Wichtig für dich ist im Moment nur, dass du erkennst, wenn eine Variable mit dem Faktor Null in der Gleichung steht, und zwar so, dass damit die Gesamtaussage unwahr wird. Beispiele:

$0 \cdot x = 1$ — Die linke und rechte Seite der Gleichung kann nicht durch geeignete Wahl von x gleich gemacht werden.

$3x - 3x = 3$ — Auch hier steht früher oder später der Ausdruck $0x$ auf einer Seite der Gleichung und gegenüber eine von Null verschiedene Zahl.

Selbst zwei Unbekannte in einer einzigen Gleichung, die ja im „Normalfall“ unendlich viele Lösungen liefern sollten, können nicht lösbar sein, wenn sie letztlich mit dem Faktor Vorfaktor Null erscheinen.

$0 \cdot a + 0 \cdot b = 27$ — ist unlösbar, da KEIN Wertepaar (a;b) die linke Seite gleich 27 werden lässt.

Ganz anders verhält es sich übrigens, wenn solche Aussagen geringfügig geändert werden:

$0 \cdot x = 0$ — hat unendlich viele Lösungen, da JEDES x die linke Seite gleich der rechten Seite werden lässt. Genaues Hinsehen lohnt sich also wie immer!

---

[1] Vielleicht hast du schon einmal die Begriffe „Determinante“, „Basis“ oder „Rang einer Matrix“ gehört. All diese stehen im Zusammenhang mit Methoden, die sich mit der Lösbarkeit von linearen Gleichungssystemen bzw. mit dem Feststellen und Beheben von Redundanzen beschäftigen.

Musst du nun alles in 1.3. Gesagte neu lernen? – Zum Glück nicht. Du musst lediglich deinen Blick schärfen, wie viele UNBEKANNTE und wie viele VONEINANDER UNABHÄNGIGE MATHEMATISCHE FORDERUNGEN in einer Aufgabe sind. Hierzu zwei wichtige Merkregeln:

1. **Beim Zählen der Unbekannten in einer Gleichung oder in einem Gleichungssystem werden nur diejenigen Unbekannten mitgezählt, die nicht den Vorfaktor Null haben.**

Die Aussage $0 \cdot a + 0 \cdot b = 27$ gilt also am Ende des Tages nicht als eine Gleichung mit zwei Unbekannten, sondern als eine Gleichung ohne Unbekannte (,die in diesem Fall eine mathematisch falsche Aussage liefert). Normalerweise stehen solche Aussagen nicht am Beginn einer Aufgabe, sondern man stößt im Verlaufe des Lösungsweges darauf.

2. **Beim Zählen der Gleichungen eines Gleichungssystems ist zu beachten, dass nicht die Anzahl der Gleichungen über die Lösbarkeit entscheidet, sondern die Anzahl der enthaltenen voneinander unabhängigen mathematischen Forderungen (sog. „unabhängige Gleichungen").**

   Gleichungen, die bereits bekannte Forderungen wiederholen, heißen redundant und sollten im Verlaufe der Aufgabenlösung gestrichen werden.

Um die Erkenntnisse aus dem „Normalfall" zu verallgemeinern, brauchen wir jetzt zwei entscheidende Größen. Ich nenne **n die Anzahl der Variablen** und **m die Anzahl der unabhängigen mathematischen Forderungen bzw. unabhängigen Gleichungen**.

Im „Normalfall" ist ein Gleichungssystem gegeben, in dem n verschiedene Variablen in m Gleichungen vorliegen. Wenn aber redundante Gleichungen enthalten sind, dann ist m in Wahrheit kleiner als die Anzahl der zu Beginn offensichtlich vorliegenden Gleichungen. Im vollständig gelösten Gleichungssystem, bei dem keine redundanten Gleichungen übrig bleiben sollten, stehen dann nur noch m voneinander unabhängige Gleichungen bzw. Forderungen. Jedes im Abitur verwendete Lösungsverfahren muss deshalb in der Lage sein, die redundanten Gleichungen auszusortieren und mit m voneinander unabhängigen Gleichungen weiter zu arbeiten.

In jedem Fall gilt: Die LÖSBARKEIT eines Gleichungssystems hängt ab von der Anzahl der Variablen n im direkten Vergleich mit der Anzahl m der VONEINANDER UNABHÄNGIGEN Gleichungen, also der Anzahl m derjenigen Gleichungen, die letztlich noch übrig bleiben.

Bei n Variablen in m <u>unabhängigen</u> Gleichungen gilt für die Lösbarkeit:

- **Eindeutige Lösbarkeit, wenn $n = m$**
- **Unendlich viele Lösungen, wenn $n > m$ (zu viele Variablen)**
- **Keine Lösung, wenn $n < m$ (zu wenige Variablen)**

Die Herausforderungen, die hier auf Schüler der Mittelstufe zukommen, lassen sich also folgendermaßen zusammenfassen:

1. Nicht sofort in Richtung Lösung arbeiten („Hasso-Such-Mentalität"), sondern die drei Fälle der Lösbarkeit vor Augen haben
2. Erkennen redundanter Gleichungen mit geeigneten Rechenverfahren
3. Gegebenenfalls Wegstreichen redundanter Gleichungen und schließlich
4. Beurteilen können, welcher der drei Lösungsfälle eintritt und gegebenenfalls Angabe der Lösungsmenge

Wie gesagt, prinzipiell kann man das alles auch mit den herkömmlichen Auflösungsverfahren hinbekommen. Gerade wenn es sich jedoch nicht um den Standardfall $n=m$ handelt, bekommen Schüler oft Probleme, aus Aussagen wie $0=0$ oder $3=0$, die im Falle von $n>m$ bzw. $n<m$ erscheinen, die richtigen Schlüsse zu ziehen.

Zugegeben: Das Gauß-Verfahren dauert aufgrund der relativ großen Schreibarbeit manchmal etwas länger als andere Verfahren. Dies wird aber von seinen Vorteilen mehr als aufgewogen. Der größte Vorteil ist, dass man sich eigentlich bis zum Schluss gar keine Gedanken über n und m bzw. die Begriffsunterscheidungen wie „Gleichung", „Forderung" und „redundante Gleichung" machen muss. Welcher Fall der Lösbarkeit vorliegt, wird ohnehin offensichtlich, wenn das Gauß-Verfahren abbricht – und die Lösungsmenge ist dann auch nicht mehr weit entfernt. Falls dich die vielen Begriffe in diesem ersten Teil vielleicht verwirrt haben, dann kannst du jetzt beruhigt aufatmen. Das Gauß-Verfahren nimmt dir diese Verwirrung ab.

2. Das Gauß-Verfahren

2.1. Einführung

Abbildung 1: Dieses Bild zu Ehren von Carl-Friedrich Gauß zierte bis zur Einführung des Euro den 10 DM Geldschein[1].

In den vorangegangenen Abschnitten habe ich ausführlich die Sonderfälle bei der Lösbarkeit thematisiert, denen man in der Oberstufe begegnet. Ein Hauptnachteil der klassischen Lösungsverfahren von Gleichungssystemen ist dabei, dass man sehr leicht den Überblick zu verlieren droht, wenn das System sehr umfangreich ist oder keine oder unendlich viele Lösungen hat.

Das Gauß-Verfahren[2] ist bei solchen Aufgaben besonders hilfreich. Es ist eine Schritt-für-Schritt-Methodik, bei der letztlich die konsequente Anwendung des Additionsverfahrens zum Einsatz kommt. Hauptvorteil: Auch beim Rechnen mit beliebig vielen Gleichungen und beliebig vielen Unbekannten geht aufgrund der Systematik der Überblick nie verloren. Hauptnachteil: Man hat etwas mehr Schreibarbeit als bei vielen anderen Verfahren, manches muss immer wieder abgeschrieben werden.

Leider ist nicht nur der Name (siehe Fußnote), sondern auch die Schreibweise und sogar die Vorgehensweise alles andere als einheitlich in den einschlägigen Lehrwerken nachzulesen. Eines kann ich dir aber versprechen: Wenn du dieses Buch gewissenhaft durcharbeitest und dich an „meine" Schreibweise gewöhnt hast, wird dir der Umstieg auf andere Systeme nicht besonders schwer fallen. Denn die mathematischen Gedanken, die hinter den Rechnungen stecken, sind immer gleich[3].

[1] Bild: Deutsche Bundesbank, Frankfurt

[2] auch: „Gauß-Algorithmus", „Gaußsches Eliminationsverfahren", „Gaußsches Lösungsverfahren". Nach Carl-Friedrich Gauß, deutscher Mathematiker, 1777 – 1855.

[3] Wenn du all die Schreibweisen und Unterschiede, die mir im Laufe der Jahre so begegnet sind, kennenlernen willst, empfehle ich dir meinen PC-Kurs zum Gauß-Verfahren (Vergleiche den Hinweis auf der vorletzten Seite des Buches).

Bevor ich das Verfahren gleich an einem Beispiel erkläre, komme ich nun zu den charakteristischen Merkmalen, quasi dem „Kochrezept“, des Gauß-Verfahrens:

1. Man arbeitet Schritt für Schritt vom vorliegenden Gleichungssystem zum nächsten.

2. Das nächste Gleichungssystem wird immer erstellt, indem man das vorliegende Gleichungssystem Zeile für Zeile durchgeht. Dabei stellt man sich für jede Zeile die Frage, ob man mit der vorliegenden Gleichung schon zufrieden ist oder nicht. Ist man zufrieden, schreibt man die Zeile einfach ab. Ist man noch nicht zufrieden, muss man mit den **erlaubten Rechenoperationen** eine neue Zeile erstellen.

3. Erlaubte Rechenoperationen sind:
   - Hochmultiplizieren (seltener Dividieren) einer Zeile mit einem Faktor ungleich Null
   - Vertauschen von zwei Zeilen miteinander
   - Addition bzw. Subtraktion zweier Zeilen miteinander. Dabei sollte die fragliche Zeile jeweils nur mit einer anderen Zeile verrechnet werden, die weiter oben steht, um zu vermeiden, dass eine Paarung innerhalb eines Rechengangs doppelt benutzt wird.

4. Nach einigen Schritten bricht das Verfahren ab und die Lösung wird offensichtlich.

Und eines will ich auch nicht verheimlichen (Dies gilt allerdings für alle Lösungsverfahren und ist deshalb kein Grund, das Gauß-Verfahren gleich wieder zu verfluchen):

5. Wenn du an irgendeiner Stelle einen Flüchtigkeitsfehler einbaust, merkst du es nicht unmittelbar. Vielleicht merkst du es gar nicht, vielleicht merkst du es erst viel, viel später. Sorgfalt und Ruhe sind hier also noch mehr gefragt als bei anderen Mathe-Aufgaben! Die meisten Schüler scheitern nicht am Verständnis, sondern an ihren Flüchtigkeitsfehlern. Nimm also diese Beispiele nicht nur rein konsumtiv auf, sondern rechne ruhig einmal Zeile für Zeile nach – schließlich bin ich auch nur ein Mensch und könnte ja vielleicht den einen oder anderen Fehler eingebaut haben.

2.2. Und so wird's gemacht: Beispiel 1 (3x3 System)

Nach so viel Theorie komme ich nun zum ersten Beispiel. Gegeben ist folgendes Gleichungssystem, ein 3x3 System (3 Gleichungen mit 3 Unbekannten). Gesucht ist die Lösungsmenge, also die Werte von x, y und z.

(I.) $3x + 2y - 4z = -7$
(II.) $6x - y + z = 9$
(III.) $3x + 2y - z = -1$

> Vielleicht möchtest du dir hier ein Lesezeichen reinlegen, denn auf den nächsten Seiten werde ich immer wieder auf dieses Ausgangssystem zu sprechen kommen.

Dein erster Blick sollte immer prüfen, ob die Gleichungen schon in der passenden Form stehen, d.h. alle Variablen sortiert links und alle Ergebnisse (die „dimensionslosen Größen") auf der rechten Seite. Das ist hier wie auch in vielen Aufgaben aus der Schulpraxis schon der Fall. Es kann also losgehen.

Wir schauen uns Gleichung I scharf an und überlegen, ob wir mit dieser Zeile zufrieden sind oder nicht. Da ich dir noch nicht verraten habe, WANN wir zufrieden sind, muss ich jetzt ein wenig gedanklich springen. Hierfür darfst du etwas tun, was ich normalerweise in all meinen Mathe-Dschungelführern den Lesern strengstens verbiete, denn ich möchte ja eigentlich mit dir trainieren, Lösungen zu entwickeln und nicht, Lösungen nachzuschlagen. Ich erlaube dir hiermit ausdrücklich und einmalig, auf Seite 24 vorzublättern und dir alles anzusehen, was ich dort unter der Überschrift DREIECKSFORM erkläre. Das dort dargestellte LGS ist aus dem oben gegebenen entstanden, nachdem wir es entsprechend bearbeitet haben. Bitte blättere jetzt dorthin und lies alles bis zur Angabe der fertigen Lösungsmenge.

Nachdem du nun bescheid weißt, was wir brauchen, kannst du beurteilen, in welche Richtung wir arbeiten müssen. Wir sind also mit Gleichung I zufrieden, wenn alle drei Variablen noch enthalten sind. Aus diesem Grunde sind wir übrigens mit Gleichung I praktisch immer schon zufrieden. Also wird Zeile 1 für das zweite LGS nur abgeschrieben. Ich möchte dich nun ausdrücklich ermuntern, dir einen Stift und Zettel zu nehmen, um alles zu den Gleichungen Gesagte einmal nachzumachen, gerade so, als ob du die Aufgabe selbst lösen würdest, aber zunächst noch streng nach meiner Anleitung. Auf deinem Zettel sollte jetzt das obige LGS stehen und in einem kleinen Abstand darunter nochmals die Zeile

(I.) $3x + 2y - 4z = -7$

Zum guten Stil gehört es übrigens, dass du an den Rand von I im LGS 1 eine Bemerkung schreibst, was du gemacht hast. Ich schreibe hierfür

$I. \rightarrow I.$ und spreche: „Die neue Gleichung I geht hervor aus der alten Gleichung I."

Nun geht es weiter mit Gleichung II. Zufrieden oder nicht? – Nein, weil wir entsprechend der Dreiecksform dafür sorgen müssen, dass vor dem x der Koeffizient gleich Null wird bzw. dass das x verschwindet. Wir haben 6x und suchen eine passende Zeile, mit der wir so addieren oder subtrahieren können, dass x eliminiert wird. Dummerweise gibt es hier keine Zeile, in der 6x oder −6x vorkommt. Außerdem sollen wir ja, gemäß der erlaubten Rechenregeln (Nr. 3), nur mit weiter oben liegenden Zeilen verrechnen. Daher kommt hier nur Zeile 1 in Frage.

Der nächste Gedanke ist nun, wie man 6x und 3x auf den gleichen Koeffizienten (vom Vorzeichen einmal abgesehen) bringen kann. Im Zweifel geht es immer, einfach beide miteinander zu multiplizieren, also $3 \cdot 6 = 18$ – das würde hier allerdings zu unnötig großen Zahlen führen, ich bezeichne es auch gerne als „mit Kanonen auf Spatzen schießen"...
Wer sich noch ein ganz klein wenig mit der Bruchrechnung und der Bildung von Hauptnennern auskennt, der sollte hier erkennen, dass die Zahl 6 bereits als gemeinsames Vielfaches von 3 und 6 ausreicht[1]. Überdies bleibt uns jetzt erspart, die Zeile II hochmultiplizieren zu müssen, denn jede Aktion birgt zusätzliches Fehlerpotenzial. Langer Rede kurzer Sinn: Wir subtrahieren Zeile II von Zeile I, die wir zuvor mit dem Faktor 2 hochmultiplizieren, um die Koeffizientengleichheit herzustellen. Dies zeige ich in meiner Schreibweise durch den Zusatz $II. \rightarrow 2 \cdot I. - II.$ Sprich:„Die neue Gleichung II geht hervor aus 2 mal die alte Gleichung I minus die alte Gleichung II." Dann heißt die neue Gleichung II

$$(II.) \quad 0x + 5y - 9z = -23$$

Das Ziel, das x aus der Gleichung zu eliminieren, ist damit erreicht. Da es gar nicht oft genug gesagt werden kann, hier noch einmal mein dringender Appell an dich, UNBEDINGT SORGFÄLTIG zu rechnen! Dazu gehört erstens ein ruhiges Arbeitsumfeld: Also Fernseher aus! Radio aus! MP3-Player aus! Handy aus! Und was man noch so ausschalten kann, z.B. den Hund oder den kleinen Bruder oder dergleichen...

Zweitens solltest du methodisch absichern, dass keine Rechenfehler passieren. Das bedeutet, dass du möglicherweise gut beraten bist, eine kleine Nebenrechnung aufzustellen.

[1] Zur Erinnerung: Der Hauptnenner bei der Addition von Brüchen wird gebildet als sogenanntes kleinstes gemeinsames Vielfaches (KGV), indem man die beiden Zahlen in Faktoren (idealerweise Primfaktoren, also nicht mehr weiter teilbare Zahlen) zerlegt und dann das KGV so aus diesen Faktoren bildet, dass für jede der beiden Zahlen alle Faktoren in ausreichender Anzahl vorhanden sind.

$$\begin{array}{rl} 2\cdot(\text{I.}) & 6x+4y-8z=-14 \\ -\quad(\text{II.}) & 6x-\;y+\;z\;=\;9 \\ \hline & 0x+5y-9z\;=-23 \end{array}$$

Eine solche Nebenrechnung, auf ein kleines Schmierblatt oder neben das LGS geschrieben, hätte schon bei vielen Schülern aus einem „mangelhaft“ ein „ausreichend“ oder sogar „befriedigend“ gemacht.

Es gibt übrigens ein weiteres Mittel, um derartige Rechnungen methodisch abzusichern. Zwar werden mir die Lehrer und sonstige Kopfrechen-Puristen das Folgende sehr übel nehmen, aber es muss jetzt einfach einmal gesagt werden. Ja, auch ich tue es schon lange. Und ich habe es sogar schon in meiner eigenen Abiturzeit getan! Und ich schäme mich noch nicht einmal dafür...

Die Verwendung des Taschenrechners! Dein Freund und Helfer in jeglicher Klausursituation. Mit ihm solltest du dich gut stellen, mit ihm solltest du viel Zeit verbringen, damit du dich auf seine bestechende Fähigkeit, alle Fragen richtig zu beantworten, immer verlassen kannst, auch wenn's mal richtig ernst wird. Es mag dir zwar ein bisschen blöd vorkommen, aber teste es doch einmal und tippe für diese neue Zeile:

für x: $2\cdot 3-6=0$ für y: $2\cdot 2-(-1)=5$ für z: $2\cdot(-4)-1=-9$

für die rechte Seite: $2\cdot(-7)-9=-23$

Und wenn du jetzt immer noch lachst, dann lass dir gesagt sein: Spätestens beim Auftreten von Kommazahlen und Brüchen, was durchaus schon mal vorkommt, sollten sich sportliche Gehirnakrobaten einmal selbstkritisch zurücklehnen und fragen, wen außer sich selbst sie eigentlich mit ihren Kopfrechen-Fähigkeiten beeindrucken wollen – schließlich gibt es im Abi keine Trostpunkte, sondern nur richtig und falsch. Und von dem Ergebnis kann nicht weniger abhängen als die persönliche berufliche Zukunft. Das menschliche Gehirn (ja, bestimmt auch deins!) hat die unangenehme Eigenschaft, manchmal Fehler machen zu können – besonders in Situationen, in denen Druck und Stress zusammen treffen, wie z.B. in einer Prüfung. Der Taschenrechner macht dagegen immer genau das, was ich ihm sage.

Damit komme ich zu Gleichung III. (III.) $3x+2y-\;z=-1$

Zufrieden oder nicht? Nein, da wir das x und das y eliminieren möchten. Hierfür ist es prinzipiell erlaubt, entweder mit Zeile I oder mit Zeile II zu verrechnen. Die Verrechnung mit Zeile I drängt sich hier förmlich auf. Nicht nur, weil mit jeweils 3x schon Koeffizientengleichheit besteht, sondern weil in der folgenden Rechnung sogar noch das y gleich mit eliminiert wird. In der Regel darf man nämlich nur davon ausgehen, dass mit jedem Verrechnungsschritt jeweils nur eine Variable eliminiert wird. Wir rechnen also Zeile I minus Zeile III (als Nebenrechnung auf dem Zettel oder mit Taschenrechner ☺):

$$
\begin{array}{rl}
 & (I.)\ \ 3x + 2y - 4z = -7 \\
- & (III.)\ 3x + 2y - \ \ z = -1 \\
\hline
 & (III.)\ 0x + 0y - 3z = -6
\end{array}
$$

Wenn du bis hier brav auf einem Extrablatt mitgeschrieben hast, dann sollten jetzt folgende Rechnungen etwa so auf deinem Blatt stehen:

$$
\begin{array}{ll}
(I.)\ \ 3x + 2y - 4z = -7 & I. \rightarrow I. \\
(II.)\ \ 6x - \ y + \ z \ = \ 9 & II. \rightarrow 2 \cdot I. - II. \\
(III.)\ 3x + 2y - \ z = -1 & III. \rightarrow I. - III.
\end{array}
$$

Hier stehen die Rechenanweisungen, mit denen man zum 2. LGS kommt.

Das Ausgangssystem der Aufgabe, LGS 1.

$$
\begin{array}{l}
(I.)\ \ 3x + 2y - 4z = -7 \\
(II.)\ \ 0x + 5y - 9z = -23 \\
(III.)\ 0x + 0y - 3z = -6
\end{array}
$$

Hier steht das 2. LGS. Wie die einzelnen neuen Zeilen I., II. und III. entstehen, habe ich auf den letzten 3 Seiten ausführlich erklärt.

Die Dreiecksform

Das Gauß-Verfahren bricht hier ab, weil die Lösung in greifbarer Nähe ist. Das vorliegende zweite lineare Gleichungssystem steht in der sogenannten Dreiecksform, auch das „gestaffelte System", die „Stufenform" oder die „Trapezform" genannt. Diese Form ist erreicht, wenn unterhalb der gedachten Hauptdiagonale des Systems nichts mehr steht, bzw. alles, was dort noch steht, muss den Koeffizienten Null tragen.

$$
\begin{array}{l}
(I.)\ \ 3x + 2y - 4z = -7 \\
(II.)\ \ 0x + 5y - 9z = -23 \\
(III.)\ 0x + 0y - 3z = -6
\end{array}
$$

Die Hauptdiagonale

Das Dreieck unterhalb der Hauptdiagonale muss leer sein.

Nun geht aus Gleichung III direkt der Wert für z hervor. Dieser kann in II eingesetzt werden, um y zu ermitteln. Mit y und z kann man dann in I den Wert für x bestimmen.

Aus III folgt: (III.) $0x + 0y - 3z = -6 \quad | \ :(-3)$

$$z = 2$$

Aus II folgt nun: (II.) $0x + 5y - 9 \cdot 2 = -23 \quad | \ +18 \quad | \ :5$

$$y = -1$$

Aus I folgt nun: (I.) $3x + 2 \cdot (-1) - 4 \cdot 2 = -7 \quad | \ +8 \quad | \ +2 \quad | \ :3$

$$x = 1$$

Damit kann die Lösungsmenge angegeben werden: $\mathbb{L} = \{(1 \mid -1 \mid 2)\}$

Möglicherweise habt ihr andere Schreibweisen für eine solche eindeutige Lösungsmenge verwendet. Wichtig ist letztlich, dass der Wert der Variablen x, y und z deutlich wird.

„Das war ja noch ganz einfach", sagst du jetzt vielleicht. In der Tat wären die meisten Mittelstufenschüler wahrscheinlich in der Lage gewesen, hier die Lösungsmenge zu bestimmen. Der eigentliche Wert des Gauß-Verfahrens wird besonders dann offensichtlich, wenn es sehr viele Gleichungen und Unbekannte gibt oder wenn das System keine eindeutige Lösung hat. Dies wirst du sicherlich bei den nächsten Beispielen merken.

2.3. Beispiel 2: Eindeutig lösbares 4x4 System

Auch wenn in den meisten Mathe-Grundkursen 3 Gleichungen das Höchste der Gefühle sind, so würde ich niemals ganz ausschließen, dass nicht vielleicht eines Tages doch einmal ein 4x4 System (4 Gleichungen mit 4 Unbekannten) zu lösen ist. Wer das noch mit dem herkömmlichen Additionsverfahren bewältigen will, braucht eine Menge Überblick. Gegeben sei also das folgende LGS. Gesucht ist, wen wundert's, natürlich wieder die Lösungsmenge.

(I.) $8a + 4b + 2c + d = -13$

(II.) $-4a + 2b - c + d = -26$

(III.) $2a - 4b + 3c = 35$

(IV.) $4b + c = -27$

Von nun an möchte eine zusätzliche Neuerung einführen, die an vielen Schulen üblich ist: Das Rechnen mit der sogenannten Gauß-Matrix.

Hierbei werden von allen Gleichungen jeweils nur die maßgeblichen Bestandteile hingeschrieben. Dies sind die Koeffizienten (Vorfaktoren) auf der linken Seite einer Gleichung und die Ergebnisse auf der rechten Seite. Anstelle des Gleichheitszeichens „=“ kommt nun eine gestrichelte Trennlinie.

Wichtig bei der Umsetzung des LGS in die Gauß-Matrix ist, dass du alle „nicht vorhandenen“ Koeffizienten mit der Zahl 1 bzw. −1 berücksichtigst, weil dort letztlich steht: EIN-mal die Variable (z.B. bei +d in Gleichung I oder −c in Gleichung II). Fehlt in einer Gleichung eine Variable ganz, dann wird sie mit der Zahl 0 berücksichtigt, weil dort letztlich steht: NULL mal die Variable (z.B. fehlt a in Gleichung IV).

$$\left(\begin{array}{cccc|c} 8 & 4 & 2 & 1 & -13 \\ -4 & 2 & -1 & 1 & -26 \\ 2 & -4 & 3 & 0 & 35 \\ 0 & 4 & 1 & 0 & -27 \end{array}\right) \quad \begin{array}{l} I. \to I. \\ II. \to I. + 2 \cdot II. \\ III. \to I. - 4 \cdot III. \\ IV. \to IV. \end{array}$$

<u>Bemerkung zu den Zeilenoperationen:</u>
Mit IV sind wir zwar noch nicht zufrieden, aber es gibt derzeit keine geeignete Zeile, um den Faktor 4 wegzubekommen. Egal mit welcher Zeile man es auch versucht, es würde die 0 ganz vorne zunichte gemacht werden – und dieses wichtige Etappenziel sollte unbedingt erhalten bleiben. Also IV. → IV.

$$\left(\begin{array}{cccc|c} 8 & 4 & 2 & 1 & -13 \\ 0 & 8 & 0 & 3 & -65 \\ 0 & 20 & -10 & 1 & -153 \\ 0 & 4 & 1 & 0 & -27 \end{array}\right) \quad \begin{array}{l} I. \to I. \\ II. \to II. \\ III. \to 5 \cdot II. - 2 \cdot III. \\ IV. \to II - 2 \cdot IV. \end{array}$$

Mit I und II sind wir nun schon zufrieden. Die neue III muss man hier durch Verrechnung mit II bilden, weil ein Verrechnen mit I die bereits erreichte 0 ganz vorne zunichte machen würde. Und nun gibt es endlich auch passende Zeilen, um mit IV weiter zu kommen.

Bei den drei Nullen ganz links wird das Dreieck schon teilweise erkennbar.

Merke: Es sollten immer nur Zeilen miteinander verrechnet werden, die bezüglich der Dreiecksform den <u>gleichen Bearbeitungsstand</u>, also die gleiche Anzahl führender Nullen, haben.

$$\left(\begin{array}{cccc|c} 8 & 4 & 2 & 1 & -13 \\ 0 & 8 & 0 & 3 & -65 \\ 0 & 0 & 20 & 13 & -19 \\ 0 & 0 & -2 & 3 & -11 \end{array}\right) \quad \begin{array}{l} I. \to I. \\ II. \to II. \\ III. \to III. \\ IV. \to III + 10 \cdot IV. \end{array}$$

Die Variablen sollten von links nach rechts eliminiert werden, wobei mit jedem Rechenschritt in der Regel genau eine Variable eliminiert wird.

$$\left(\begin{array}{cccc|c} 8 & 4 & 2 & 1 & -13 \\ 0 & 8 & 0 & 3 & -65 \\ 0 & 0 & 20 & 13 & -19 \\ 0 & 0 & 0 & 43 & -129 \end{array}\right)$$

Das vierte LGS hat die Dreiecksform erreicht. Diese Matrix kann nun wieder in ein Gleichungssystem umgeschrieben werden, bei dem alle Lösungen sehr schnell offensichtlich sind.

Normalerweise schreibt man das entstandene LGS nicht noch einmal mit Variablen hin. Für alle Leser, die noch unsicher sind, wie Matrix und LGS zusammenhängen, gebe ich es hier noch einmal an.

$$\begin{array}{ll} (I.) & 8a+4b+2c+d=-13 \\ (II.) & 8b \quad +3d=-65 \\ (III.) & 20c+13d=-19 \\ (IV.) & 43d=-129 \end{array}$$

Zur Lösung arbeiten wir uns wieder von unten nach oben, also von IV nach I.

(IV.) $43d=-129 \quad | :43$

$\underline{d=-3}$

(III.) $20c+13\cdot(-3)=-19 \quad | +39 \quad | :20$

$\underline{c=1}$

(II.) $8b+3\cdot(-3)=-65 \quad | +9 \quad | :8$

$\underline{b=-7}$

(I.) $8a+4\cdot(-7)+2\cdot(1)+(-3)=-13 \quad | +3 \quad | -2 \quad | +28 \quad | :8$

$\underline{a=2}$

→ $\mathbb{L}=\{(2|-7|1|-3)\}$

Soweit zur Systematik des Gauß-Verfahrens. Ich empfehle dir jetzt, das Beispiel 2 noch einmal auf einem weißen Blatt Papier selbst zu versuchen. Je nachdem, ob du dich an meine oder gegebenenfalls an die Vorgaben deines Lehrers hältst, können die zwischenzeitlich entstehenden LGS 2, 3, usw. etwas anders aussehen. Sehr häufig kommt es z.B. vor, dass zwei Schüler, die die gleiche Aufgabe bearbeiten, Zeilen auf dem Papier stehen haben, die sich nur in den Vorzeichen unterscheiden, also z.B. (III.) $-20c-13d=19$. Dies ist nicht schlimm, denn wie du jetzt ja weißt, ist die in der Zeile enthaltene Forderung, also die in der Gleichung enthaltene Aussage, wie sich die Variablen zueinander verhalten sollen, jeweils gleich. Am Ende muss die Lösung jedenfalls immer in ALLEN Zeilen ALLER zwischenzeitlich entstandenen LGS passen. Prüfe es hier ruhig einmal mit einer Probe nach!

Damit komme ich zu den nicht eindeutig lösbaren Systemen. Hier ist das Gauß-Verfahren nach meiner Erfahrung einfach unschlagbar übersichtlich gegenüber allen anderen Verfahren.

2.4. Beispiel 3: Unlösbares 3x3 System

Gegeben ist folgendes 3x3 System. Gesucht ist die Lösungsmenge. Bei dieser Aufgabe darfst du gleich am Anfang schon selbst rechnen, bevor du meine Musterlösung liest. Es wird schließlich einen Punkt geben, bei dem du nicht mehr weiter kommst.

$$\begin{aligned} &(\text{I.})\ 6x + 4y + z = 6 \\ &(\text{II.})\ 3x + y - 2z = 4 \\ &(\text{III.})\ 3x + y - 2z = -3 \end{aligned}$$

Alle Variablen stehen schon untereinander sortiert. Also kann das LGS in die Gauß-Matrix übertragen werden.

$$\left(\begin{array}{ccc|c} 6 & 4 & 1 & 6 \\ 3 & 1 & -2 & 4 \\ 3 & 1 & -2 & -3 \end{array}\right) \quad \begin{array}{l} \text{I.} \rightarrow \text{I.} \\ \text{II.} \rightarrow 2 \cdot \text{II.} - \text{I.} \\ \text{III.} \rightarrow 2 \cdot \text{III.} - \text{I.} \end{array}$$

$$\left(\begin{array}{ccc|c} 6 & 4 & 1 & 6 \\ 0 & -2 & -5 & 2 \\ 0 & -2 & -5 & -12 \end{array}\right) \quad \begin{array}{l} \text{I.} \rightarrow \text{I.} \\ \text{II.} \rightarrow \text{II.} \\ \text{III.} \rightarrow \text{III.} - \text{II.} \end{array}$$

$$\left(\begin{array}{ccc|c} 6 & 4 & 1 & 6 \\ 0 & -2 & -5 & 2 \\ 0 & 0 & 0 & -14 \end{array}\right)$$

Hier ist die Dreiecksform erreicht. Allerdings sollte eigentlich in Zeile 3 noch ein von Null verschiedener Koeffizient in der z-Spalte (3. Spalte) stehen. So lautet die entsprechende Zeile im Gleichungssystem jetzt

$(\text{III.})\quad 0 = -14 \quad$ bzw. $\quad (\text{III.})\ 0x + 0y + 0z = -14$

Egal, wie man es auch hinschreibt: Gleichung 3 lässt sich nicht mehr durch geeignete Wahl der Variablen x, y und z erfüllen. Und da wir ja im Gauß-Verfahren nichts Anderes tun, als die enthaltenen Forderungen in anderer Gestalt in ein neues LGS zu übertragen, muss die Schlussfolgerung lauten: Das gesamte Gleichungssystem lässt sich (von Anfang an) nicht durch geeignete Wahl von x, y und z lösen. Das System ist also unlösbar, man schreibt:

$\mathbb{L} = \{\ \}$ oder $\mathbb{L} = \emptyset$

<u>Unlösbares System:</u>

Entsteht beim Gauß-Verfahren eine Zeile, bei der alle Koeffizienten (linke Seite) Null sind aber die rechte Seite ungleich Null ist, dann kann sofort abgebrochen werden und die Lösungsmenge ist leer:

$\mathbb{L} = \{\ \}$

In aller Regel, aber nicht immer, tritt eine solche Widerspruchszeile bei Erreichen der Dreiecksform auf. Wer mit Additions- oder sonstigen klassischen Verfahren löst, erhält ebenfalls eine mathematisch widersprüchliche Aussage, wie z.B. $0 = -14$ oder $6 = 7$. Damit zum dritten und schwierigsten Fall: Wenn es unendlich viele Lösungen gibt.

2.5. Beispiel 4: 3x3 System mit unendlich vielen Lösungen

Folgendes 3x3 System ist gegeben. Auch hier ist Mitmachen ausdrücklich erwünscht. Rechne nach dem Abschreiben des ersten LGS wieder selbst, bevor du weiterliest.

$$\left(\begin{array}{ccc|c} 6 & 4 & 1 & 6 \\ 3 & 1 & -2 & 4 \\ 6 & 2 & -4 & 8 \end{array}\right) \quad \begin{array}{l} \text{I.} \to \text{I.} \\ \text{II.} \to 2 \cdot \text{II.} - \text{I.} \\ \text{III.} \to \text{III.} - \text{I.} \end{array}$$

$$\left(\begin{array}{ccc|c} 6 & 4 & 1 & 6 \\ 0 & -2 & -5 & 2 \\ 0 & -2 & -5 & 2 \end{array}\right) \quad \begin{array}{l} \text{I.} \to \text{I.} \\ \text{II.} \to \text{II.} \\ \text{III.} \to \text{III.} - \text{II.} \end{array}$$

$$\left(\begin{array}{ccc|c} 6 & 4 & 1 & 6 \\ 0 & -2 & -5 & 2 \\ 0 & 0 & 0 & 0 \end{array}\right)$$

Hier ist die Dreiecksform erreicht. Doch diesmal stehen nur noch Nullen in Zeile 3. Machen wir uns deutlich, was dies für die entsprechende Zeile des LGS bedeutet.

(III.) $0 = 0$ bzw. (III.) $0x + 0y + 0z = 0$

Links sehen Kenner eine mathematisch wahre Aussage, die rechts stehende Version ist eine Gleichung, die für ALLE NUR DENKBAREN WERTEKOMBINATIONEN (x, y, z) lösbar ist.

Mit anderen Worten: Diese Zeile gliedert sich widerspruchsfrei in das LGS ein, aber sie stellt KEINE FORDERUNG an die beteiligten Variablen. In Abschnitt 1.4. ab Seite 15 habe ich diesen Fall mit dem Begriff der „redundanten Gleichung" ausführlich thematisiert. Am Ende des Tages bleiben bei Beispiel 4 nur noch zwei UNABHÄNGIGE GLEICHUNGEN übrig, denen wir mit geeigneter Wahl von x, y und z, also mit der Lösung, gerecht werden müssen.

Nun ist also offensichtlich, dass es sich hier um ein System mit $n=3$ Variablen in $m=2$ UNABHÄNGIGEN Gleichungen handelt (eine redundante Gleichung entfällt). Das Schöne beim Gauß-Verfahren ist, dass wir hier einfach die (redundante) Nullzeile wegstreichen können und, falls noch keine Dreiecksform vorhanden wäre, weiter das Verfahren abarbeiten würden. Alle Forderungen aus der Aufgabe sind in den hier verbliebenen Gleichungen I und II. noch enthalten. Es ist also im Gegensatz zu den anderen Lösungsverfahren ausgeschlossen, dass wir aus Versehen die falsche Gleichung als vermeintlich redundant wegstreichen.

Wie sieht also nun die Lösung aus? Da hier $n>m$ ist, also letztlich mehr Unbekannte als Forderungen existieren, gibt es unendlich viele Lösungen. Übrigens: „Unendlich viele" heißt dabei nicht „beliebige"! Die Wertekombination $x=0$, $y=0$ und $z=0$ bzw. (0,0,0) ist beispielsweise nicht Lösung des Systems. Leider weichen die Formvorschriften zur Angabe einer Lösungsmenge in einzelnen Büchern voneinander ab. Hier mein Versuch einer allgemein gültigen Darstellungsweise.

Wir führen einen Parameter ein, also eine weitere Variable, die letztlich für einen festen Zahlenwert steht. Etwa getreu dem Motto aller Mathematiker: Wir tun so, als ob wir einen festen Wert für z einsetzen, wollen uns aber noch auf keinen bestimmten Wert festlegen.

Ich nenne den Parameter p. Manche nehmen auch gerne das griechische Lambda λ, wieder andere nehmen direkt das z, was den Schülern am besten gefällt, aber streng mathematisch nicht korrekt ist, weil z nun einmal als Variable für IRGENDEINEN Wert steht und Parameter letztlich für einen KONKRETEN Wert stehen.

Entscheidend ist bei allen Schreibweisen, dass man betont, dass hier EINE VARIABLE FREI gewählt werden darf, in unserem Fall das p. So eine Wahlmöglichkeit nennt man an Universitäten übrigens einen „Freiheitsgrad", und in manchen Aufgaben macht es durchaus Sinn, noch einmal nachzuzählen, wie viele Wahlmöglichkeiten bzw. Freiheitsgrade es gibt, um wie viel n also größer ist als m (Vergleiche z.B. Aufgabe 4b auf Seite 47 unten).

Heißt unsere Wahlmöglichkeit bzw. unser Parameter p, dann schreibt man:

Sei $z = p$ mit $p \in \mathbb{R}$

Dann folgt aus den einzelnen Gleichungen:

(II.) $-2y - 5z = 2 \quad \Rightarrow \quad$ (II.) $-2y - 5p = 2 \quad | +5p \quad | :(-2)$

$$y = -\tfrac{5}{2}p - 1$$

(I.) $6x + 4y + z = 6 \quad \Rightarrow \quad$ (II.) $6x + 4 \cdot \left(-\tfrac{5}{2}p - 1\right) + p = 6$

$$6x - 10p - 4 + p = 6 \quad | +4 \quad | +9p \quad | :6$$

$$x = \tfrac{3}{2}p + \tfrac{5}{3}$$

Die allgemein gültige Lösung kann also dargestellt werden als

$$x = \tfrac{3}{2}p + \tfrac{5}{3} \qquad y = -\tfrac{5}{2}p - 1 \qquad z = p \qquad \text{bzw.} \qquad \left(\tfrac{3}{2}p + \tfrac{5}{3}\ ;\ -\tfrac{5}{2}p - 1\ ;\ p\right)$$

Manche bevorzugen die sogenannte „vektorielle“ Schreibweise[1], eine zeilenweise Darstellung:

$$\begin{pmatrix} x \\ y \\ z \end{pmatrix} = \begin{pmatrix} 3/2 \\ -5/2 \\ 1 \end{pmatrix} \cdot p + \begin{pmatrix} 5/3 \\ -1 \\ 0 \end{pmatrix}$$

In der Mengenschreibweise gibt es dann, neben unzähligen anderen Schreibweisen, z.B. diese beiden Alterativ-Darstellungen:

$$\mathbb{L} = \left\{ \left(\frac{3}{2}p + \frac{5}{3}\ ;\ -\frac{5}{2}p - 1\ ;\ p \right) \ \middle|\ p \in \mathbb{R} \right\} \qquad \mathbb{L} = \left\{ \begin{pmatrix} x \\ y \\ z \end{pmatrix} = \begin{pmatrix} 3/2 \\ -5/2 \\ 1 \end{pmatrix} \cdot p + \begin{pmatrix} 5/3 \\ -1 \\ 0 \end{pmatrix} ;\ p \in \mathbb{R} \right\}$$

Wie immer bei solchen Formalitäten rate ich dir, dich in der Schreibweise einfach dem von deinem Lehrer vorgegeben System anzupassen. Wichtiger ist, dass du kapierst, was hinter dieser Schreibweise steht, deshalb noch ein paar erläuternde Worte:

Da eine Variable frei wählbar ist, gibt es unendlich viele Lösungen. Man sucht sich eine von den dreien x, y, z aus, meist ist dies die letzte Variable bzw. z, und gibt ihr einen „Wert“.

[1] Vielleicht fällt dir auf, dass es sich hierbei von der Gestalt her um eine Geradengleichung im dreidimensionalen Vektorraum handelt. In der Tat lassen sich die Lösungen als Punkte einer Raum-Geraden interpretieren, die unendlich viele Punkte hat, entsprechend der unendlich vielen Lösungen (x,y,z).

Dann entwickelt man die „Werte“ der anderen beiden Variablen folgerichtig daraus mit den Gleichungen bzw. Forderungen des LGS.

Mathematiker, die an der größtmöglichen Darstellung der Lösungsmenge interessiert sind, geben dem z keinen konkreten Wert, sondern einen Parameter p. Damit wollen Sie sagen: z darf hier jeden denkbaren Wert annehmen. Entsprechend stehen in der Lösung dann keine konkreten Zahlenangaben für x, y und z, sondern Ausdrücke[1], die von p abhängen. Man behält sich also bis zuletzt vor, welchen konkreten Wert p am Ende bekommen soll. Dieser Weg ist immer dann zu beschreiten, wenn nach der „Lösung“, der „Lösungsmenge“ oder auch der „allgemeinen Lösung“ des LGS gefragt ist.

In seltenen Fällen kann es aber auch in der Aufgabe heißen: „Gib eine ‚konkrete Lösung‘ oder eine ‚Beispiellösung‘ oder eine ‚exemplarische Lösung‘ des LGS an!“ Dann (und nur dann!) dürftest du dir den ganzen Zinnober mit dem p auch sparen. An der Stelle, wo es heißt: „Sei z=p“ sagen wir dann z.B. „sei z=1“ oder denk dir irgendeine andere einfache Zahl als 1. Dann entwickelst du alle anderen Werte, hier x und y, folgerichtig daraus und solltest schließlich die Lösung $\left(\frac{19}{6}; -\frac{7}{2}; 1\right)$ erhalten. Hier noch ein kleiner Trost: Wie gesagt, es kommt in der Oberstufe gar nicht immer darauf an, eine Lösung zu bestimmen, sondern meist reicht es schon aus, wenn man erkennt, welcher der drei Fälle der Lösbarkeit vorliegt.

Hier noch einmal eine Übersicht, welcher Fall vorliegen kann und wie man ihn erkennt[2].

Die drei Fälle der Lösbarkeit – erkennbar an der untersten Zeile des LGS

Eindeutige Lösung:	**Keine Lösung:**	**Unendlich viele Lösungen:**
$\left(\begin{array}{ccc\|c} .. & .. & .. & .. \\ 0 & .. & .. & .. \\ 0 & 0 & 7 & .. \end{array}\right)$	$\left(\begin{array}{ccc\|c} .. & .. & .. & .. \\ 0 & .. & .. & .. \\ 0 & 0 & 0 & 35 \end{array}\right)$	$\left(\begin{array}{ccc\|c} .. & .. & .. & .. \\ 0 & .. & .. & .. \\ 0 & 0 & 0 & 0 \end{array}\right)$
Noch ein Koeffizient $\neq 0$	alle Koeffizienten =0 rechte Seite $\neq 0$ „Widerspruchszeile“	alle Koeffizienten =0 rechte Seite =0 „Nullzeile“

[1] genau genommen sind dies dann keine „Werte“, sondern Terme

[2] Kleine Einschränkung: Diese Bemerkungen beziehen sich auf die vollständig in Dreiecksform gebrachte Matrix eines 3x3-Systems. Die 3x3 Systeme sind mit Abstand die häufigsten. Mathematisch wasserdicht argumentiert man aber immer am besten mit n und m wie in 1.4 ab Seite 15 beschrieben.

2.6. Beispiel 5: 3x3 System mit Parametern (beliebte Abituraufgabe)

Da wir nun alle Fälle der Lösbarkeit einmal gesehen haben, ist die Frage berechtigt: Was kann denn jetzt noch Schlimmes kommen? Wie du sicherlich weißt, wird im Abitur nicht nur das reproduktive Wissen abgeprüft, also die reine Wiedergabe und Anwendung bekannten Wissens. Alle, die im zweistelligen Punktebereich landen wollen, müssen auch in der Lage sein, in den sogenannten Transferaufgaben das Gelernte auf neue Problemstellungen zu übertragen. Eine solche Anforderung stellt auch Beispiel 5. Versuche bitte wieder erst selbst, die Lösung hinzubekommen. Wenn du nicht mehr weiter kommst, dann lies meine Musterlösung nur bis zu der Stelle, an der du den roten Faden wieder aufnehmen kannst. Denn alles, was du hier an reinem Wissen brauchst, wurde prinzipiell schon gesagt.

a) Gib an, für welche Parameter s und t das folgende LGS
   1. unlösbar ist, 2. unendlich viele Lösungen hat oder 3. eindeutig lösbar ist!
b) Bestimme die Lösungsmenge für t=1 und s=−5.

$$
\begin{array}{llllll}
(\text{I.}) & 6x & +\ 4y & +\ 2z & = & -6 \\
(\text{II.}) & 3x & +\ y & +\ 5tz & = & 0 \\
(\text{III.}) & 6x & +\ 2y & +\ 20z & = & -6s
\end{array}
$$

Die „Lösung“ dieser Aufgabe liegt wieder einmal nicht darin, mit der Hasso-Such-Mentalität wild drauflos zu rechnen, denn streng genommen haben wir hier ein (nicht einmal lineares!) Gleichungssystem mit 3 Gleichungen und 5 Unbekannten. Um diese Aufgabe zu verstehen, ist es wichtig, zwischen Parameter und Variable unterscheiden zu können. Bitte merke dir: Ein Parameter (hier also s und t) wird beim Ermitteln einer Lösung wie eine bekannte Zahl behandelt, also in sämtlichen Rechenoperationen mit mathematischen Termen verrechnet.

In Aufgabe a geht es darum, gezielt eine mathematische Aussage auf das Papier zu bekommen, die es uns erlaubt, zu beurteilen, wie es um die LÖSBARKEIT bestellt ist, je nachdem, welche Werte s und t annehmen. Dank seiner hohen Übersichtlichkeit eignet sich das Gauß-Verfahren hierbei hervorragend. Wir legen also wie gehabt die Gauß-Matrix an. Ziel der Bearbeitungsschritte muss es sein, s und t mit möglichst wenigen anderen Unbekannten in EINER Gleichung gegenüber zu stellen. Dann können wir nämlich durch geschickte Wahl von s und t die entscheidende Zeile (vergleiche Kasten auf der Seite 32) der Gauß-Matrix so manipulieren, dass gerade ein ganz bestimmter Fall der Lösbarkeit eintritt.

$$\left(\begin{array}{ccc|c} 6 & 4 & 2 & -6 \\ 3 & 1 & 5t & 0 \\ 6 & 2 & 20 & -6s \end{array}\right) \qquad \begin{array}{l} I. \rightarrow \frac{1}{2}\cdot I. \\ II. \rightarrow II. - \frac{1}{2}\cdot I. \\ III. \rightarrow III. - I. \end{array}$$

Die erste Zeile enthält nur gerade Zahlen und kann deshalb mit $\frac{1}{2}$ durchmultipliziert werden. In Zeile II und III gehen wir nach dem bekannten Schema vor und wollen zunächst die linke Spalte mit Nullen füllen. t und s gehören zu den Koeffizienten.

$$\left(\begin{array}{ccc|c} 3 & 2 & 1 & -3 \\ 0 & -1 & 5t-1 & 3 \\ 0 & -2 & 18 & -6s+6 \end{array}\right) \qquad \begin{array}{l} I. \rightarrow I. \\ II. \rightarrow II. \\ III. \rightarrow 2\cdot II. - III. \end{array}$$

t und s werden dabei behandelt, als ob man es mit konkreten Zahlen zu tun hätte. Die unterste Zeile der Dreiecksform, auf die wir hinarbeiten, muss s und t enthalten und sollte ansonsten möglichst viele Nullen haben, um die einzelnen Lösbarkeits-Szenarien mit verschiedenen s- und t-Werten zu entwickeln.

$$\left(\begin{array}{ccc|c} 3 & 2 & 1 & -3 \\ 0 & -1 & 5t-1 & 3 \\ 0 & 0 & 10t-20 & 6s \end{array}\right)$$

Zeile 3 enthält jetzt den entscheidenden Hinweis. Dort steht sinngemäß:

(III.) $(10t-20)\cdot z = 6s$

Jetzt müssen wir an den „Stellschrauben" t und s so lange drehen, dass die drei Fälle der Lösbarkeit eintreten.

<u>Szenario 1: Das LGS ist unlösbar</u>

Unlösbarkeit heißt, dass Gleichung III in der Dreiecksform (also in LGS 3) eine Widerspruchszeile sein muss. Dies ist immer dann der Fall,

… wenn alle Koeffizienten gleich 0 sind und die rechte Seite ungleich 0

… wenn also der Ausdruck $10t-20=0$ ist und der Ausdruck $6s \neq 0$

… was (durch Umformungen) zu den Bedingungen für t und s führt:

$$10t - 20 = 0 \quad |+20 \quad |:10 \qquad\qquad 6s \neq 0 \quad |:6$$
$$\underline{t = 2} \qquad\qquad\qquad\qquad \underline{s \neq 0}$$

Falls du es noch nicht erkennst: Bei einer solchen Wahl lautet die Gleichung III

(III.) $0\cdot z = 6s$

Und diese mathematische Forderung lässt sich mit KEINEM denkbaren Wert für z erfüllen. Also ist die Lösungsmenge leer, das LGS ist unlösbar.

Szenario 2: Das LGS hat unendlich viele Lösungen

Unendlich viele Lösungen heißt bei einem 3x3 System, dass eine Gleichung redundant ist, dass also im Laufe des Gauß-Verfahrens eine Nullzeile entsteht. Es muss also gelingen, dass in der fraglichen Gleichung III

... alle Koeffizienten =0 sind und die rechte Seite =0

... also der Ausdruck $10t - 20 = 0$ ist und der Ausdruck $6s = 0$

... was (durch Umformungen) zu den Bedingungen für t und s führt:

$\underline{t = 2}$ $\qquad$ $\underline{s = 0}$

Bei einer solchen Wahl lautet die Gleichung (III.) $0 \cdot z = 0$

Und diese mathematische Forderung lässt sich mit JEDEM denkbaren Wert für z erfüllen. Wir bekommen also unendlich viele Lösungen.

Szenario 3: Das LGS hat eine eindeutige Lösung

Die eindeutige Lösbarkeit wird immer dann offensichtlich, wenn die Dreiecksform ohne Auffälligkeiten erreicht wurde, präziser gesagt

... wenn genau ein Koeffizient in der untersten Zeile noch $\neq 0$ ist

... also hier der Ausdruck $10t - 20 \neq 0$ ist

... was zur Bedingung für t führt: $\underline{t \neq 2}$

Übrigens: s ist uns hierbei tatsächlich egal (Mathematiker drücken sich vornehmer aus und schreiben $s \in \mathbb{R}$). Wenn s=0 ist, existiert für z zwar nur noch die Lösung z=0, aber das ist nichts, was uns besonders beunruhigen muss, also kein Sonderfall in Bezug auf die Lösbarkeit.

Damit zur Lösung von Aufgabenteil b:

Mit t=1 und s=−5 lautet das vollständig in Dreiecksform gebrachte System:

$$\left(\begin{array}{ccc|c} 3 & 2 & 1 & -3 \\ 0 & -1 & 4 & 3 \\ 0 & 0 & -10 & -30 \end{array}\right) \qquad \begin{array}{ll} \Rightarrow 3x + 2 \cdot 9 + 3 = -3 & \Rightarrow x = -8 \\ \Rightarrow -y + 4 \cdot 3 = 3 & \Rightarrow y = 9 \\ \Rightarrow -10z = -30 & \Rightarrow z = 3 \end{array}$$

↗ Löse von unten nach oben.

$\Rightarrow \quad \mathbb{L} = \{(-8, 9, 3)\}$

2.7. Beispiel 6: 3x3 System, Lösung mit Spalten- oder Zeilentausch

Gibt es lineare Gleichungssysteme, die man besser nicht mit dem Gauß-Verfahren lösen sollte? Dass ich ein großer Fan dieses Verfahrens bin, solltest du ja mittlerweile bemerkt haben. Dennoch: Es gibt Aufgaben, wo man mit anderen Verfahren unter Umständen schneller löst oder das Gauß-Verfahren überhaupt nur anwenden kann, wenn man zuvor einige Spalten oder Zeilen vertauscht. Bevor ich das Für und Wider ausführlich thematisiere, hier ein solches Beispiel. Zuvor noch zwei Sonderregeln für solche seltenen Fälle:

> Ein neues LGS kann ohne Verlust der darin enthaltenen mathematischen Forderungen gebildet werden,
> 1. wenn man zwei Zeilen vollständig miteinander vertauscht oder
> 2. wenn man zwei Spalten der Koeffizienten-Seite vollständig miteinander vertauscht.

Hier sieht man, wie einem diese Regeln beim Gauß-Verfahren behilflich sein können.

$$\begin{array}{ll} \text{(I.)} & b + 2c = -2 \\ \text{(II.)} & a - 2b = 9 \\ \text{(III.)} & 2a + 3b = -24 \end{array}$$

Aufstellen der Gauß-Matrix

$$\left(\begin{array}{ccc|c} 0 & 1 & 2 & -2 \\ 1 & -2 & 0 & 9 \\ 2 & 3 & 0 & -24 \end{array}\right)$$

Hier sind wir ausnahmsweise nicht mit der Zeile I zufrieden, da sie mit 0 beginnt. Daher vertauschen wir Spalte 1 mit Spalte 3. Auch ein Vertauschen von Zeilen wäre prinzipiell möglich gewesen.

$$\left(\begin{array}{ccc|c} 2 & 1 & 0 & -2 \\ 0 & -2 & 1 & 9 \\ 0 & 3 & 2 & -24 \end{array}\right) \quad \begin{array}{l} \text{I.} \rightarrow \text{I.} \\ \text{II.} \rightarrow \text{II.} \\ \text{III.} \rightarrow 3 \cdot \text{II.} + 2 \cdot \text{III.} \end{array}$$

Durch das geschickte Vertauschen zuvor sind Zeile I und Zeile II jetzt schon fertig.

$$\left(\begin{array}{ccc|c} 2 & 1 & 0 & -2 \\ 0 & -2 & 1 & 9 \\ 0 & 0 & 7 & -21 \end{array}\right)$$

Achtung! Beim Übertragen der Dreiecksform zurück in das Gleichungssystem musst du unbedingt dran denken, dass durch den Spaltentausch die Spaltenfolge jetzt c, b, a ist!

$$\begin{array}{llll} \text{(I.)} & 2c + b = -2 & \Rightarrow & c = 2 \\ \text{(II.)} & -2b + a = 9 & \Rightarrow & b = -6 \\ \text{(III.)} & 7a = -21 & \Rightarrow & a = -3 \end{array}$$

Löse von unten nach oben.

$$\Rightarrow \mathbb{L} = \{(-3;-6;2)\}$$

2.8. Gauß-Verfahren oder anderes Verfahren: Pro und Contra

Mir ist bekannt, dass manche Lehrer das Gauß-Verfahren nicht unterrichten. Dazu habe ich zwei Anmerkungen. Erstens: Wenn man sehr routiniert im Umgang mit den klassischen Auflösungsverfahren ist, so wie der Lehrer, nervt es manchmal, dass man so viele Zeilen einfach noch einmal abschreiben muss. Zweitens: Wenn man nicht routiniert ist oder nur glaubt, routiniert zu sein, so wie viele Schüler, bietet einem das Gauß-Verfahren eine besondere Sicherheit, systematisch die Lösung zu finden und die Lösbarkeit eines LGS zu beurteilen. Jeder muss für sich selbst entscheiden, welches Verfahren er wann nutzen möchte. Das letzte Beispiel 6 hätte man mit dem Additionsverfahren schneller lösen können[1], hier war das Gauß-Verfahren nicht ideal. Beim Schwierigkeitsgrad von Beispiel 5 ist mir allerdings nicht klar, wie manche Lehrer so etwas immer wieder ohne Gauß-Verfahren zu unterrichten versuchen, denn das geht meiner Meinung nach praktisch nicht mehr. Mein spezieller Gruß an dieser Stelle an diese Lehrer: Vielen Dank für die vielen verzweifelten Schüler, die sich daraufhin zur Nachhilfe bei mir anmelden ☺. Eine bessere Werbung für Bücher wie den Mathe-Dschungelführer kann ich mir auch für viel Geld kaum vorstellen.

Die Stärke des Gauß-Verfahrens liegt bei besonders umfangreichen Systemen und bei Aufgaben, die unendlich viele Lösungen haben (wie Beispiel 4) oder deren Lösbarkeit erst noch über Parameter festzulegen ist (wie in Beispiel 5). Du solltest tendenziell eher mit dem Gauß-Verfahren arbeiten,

1. wenn Parameter auftreten.

2. wenn mehr als 3 Gleichungen oder mehr als 3 Unbekannte im LGS vorhanden sind. Dies kommt insbesondere im Prüfungsblock „Rechnen mit Matrizen“ vor, der allerdings nicht in allen Bundesländern Abiturthema ist.

3. wenn du Mühe hattest, dem in Abschnitt 1 Gesagten zu folgen, also der Unterscheidung zwischen Gleichungen, unabhängigen Gleichungen, redundanten Gleichungen und mathematischen Forderungen und den Schlussfolgerungen für die Lösbarkeit eines LGS. Die Lösbarkeit beim Gauß-Verfahren dagegen ist einfach[2] an der untersten Zeile ablesbar.

[1] Mit 2·II – III das a eliminieren, dann haben wir schon die Lösung für b und es kann eingesetzt werden.

[2] zumindest beim häufig vorkommenden 3x3 System ☺, ansonsten muss man die Anzahl der verbliebenen m Gleichungen mit den n Variablen vergleichen.

Du kannst tendenziell eher auf das Gauß-Verfahren verzichten,

1. wenn nicht alle Gleichungen auch alle Variablen enthalten, d.h. wenn die Gauß-Matrix auf der linken Seite (der Koeffizienten-Seite) auffallend viele Nullen enthält, so wie zuletzt bei Beispiel 6.

2. in 2x2 Systemen, also 2 Gleichungen mit 2 Unbekannten.

3. wenn du so gut bist, dass du auch mit den herkömmlichen Verfahren den Überblick behältst, welche Gleichungen aufgrund einer Aussage wie $0 = 0$ oder $7 = 7$ redundant sind und aus dem LGS entfallen können.

Wie gut du wirklich bist, das kannst du in den folgenden Übungsaufgaben zeigen. Ich habe mich wieder einmal bemüht, sowohl dem Einsteiger als auch dem Leistungskurs-Schüler mit Trainings-Ambitionen für die Abiturprüfung etwas zu bieten. Da ich mit diesem Buch auch für das Verfahren selbst Werbung machen möchte, serviere ich hier ein Potpourri an Problemstellungen unterschiedlicher Fachrichtungen. Und alle lassen sich mit dem Gauß-Verfahren beantworten. Ist das nicht super?

Bitte hab keine Scheu vor den Fach-Aufgaben ab Aufgabe 4. Ich habe sie so angelegt, dass man mit ihnen notfalls auch ohne das themenbezogene Spezialwissen das Gauß-Verfahren üben kann. Meine fachlichen Erklärungen sind entsprechend sehr knapp, weil es in der Hauptsache um das Üben des Gauß-Verfahrens geht. Falls du bei einer Aufgabe also nur Bahnhof verstehst, dann suche einfach in der Lösung nach der ersten Gauß-Matrix, schreibe sie ab und bringe sie dann (natürlich wieder ohne Vorlage) in die Dreiecksform.

Finde dabei selbst heraus, wie tief du fachlich einsteigen willst oder musst. Die Prüfungsinhalte unterliegen leider gewissen Schwankungen und sind von Bundesland zu Bundesland leicht unterschiedlich – von Fachhochschulreife und Abendabitur einmal ganz zu schweigen. Dich nach deinem aktuellen Prüfungsplan für deinen Bildungsgang zu erkundigen, sollte ohnehin Pflichtprogramm für dich sein. Vielleicht helfen dir ja diese Aufgaben dabei, deinem Lehrer diesbezüglich die richtigen Fragen zu stellen.

Und nun viel Erfolg im Selbststudium mit den Aufgaben!

3. Aufgaben mit Lösungen

Aufgabe 1

Bestimme jeweils die Lösungsmenge. Jedes LGS ist eindeutig lösbar.

a)
$$\begin{array}{ll} \text{(I.)} & -2x+2y+4z=6 \\ \text{(II.)} & 2x+y+2z=12 \\ \text{(III.)} & 6x+y+3z=22 \end{array} \qquad \begin{array}{ll} \text{(I.)} & -x_1+4x_2+7x_3=-30 \\ \text{(II.)} & 2x_1+5x_2+8x_3=-30 \\ \text{(III.)} & 3x_1+6x_2+9x_3=-30 \end{array} \qquad \begin{array}{ll} \text{(I.)} & -a-4b-2c=26 \\ \text{(II.)} & -4a-b=7 \\ \text{(III.)} & -2a-c=-1 \end{array}$$

b)
$$\begin{array}{ll} \text{(I.)} & \lambda+4\omega=3 \\ \text{(II.)} & 2\mu-\lambda+8\omega=26 \\ \text{(III.)} & -6\mu-4\omega=-23 \end{array} \qquad \begin{array}{ll} \text{(I.)} & 7a_1+10a_2-3a_3=27 \\ \text{(II.)} & -\frac{5}{2}a_1+4a_2-2a_3=-12 \\ \text{(III.)} & \frac{7}{2}a_1+6a_2+5a_3=27 \end{array} \qquad \begin{array}{ll} \text{(I.)} & 4x+4{,}5y-1{,}25z=32{,}5 \\ \text{(II.)} & x+4y=12 \\ \text{(III.)} & 8{,}5x+6{,}5y+5z=17 \end{array}$$

Lösung

a1)
$$\left(\begin{array}{ccc|c} -2 & 2 & 4 & 6 \\ 2 & 1 & 2 & 12 \\ 6 & 1 & 3 & 22 \end{array}\right) \quad \begin{array}{l} \text{I.} \to \frac{1}{2}\cdot\text{I.} \\ \text{II.} \to \text{I.}+\text{II.} \\ \text{III.} \to 3\cdot\text{I.}+\text{III.} \end{array}$$

$$\left(\begin{array}{ccc|c} -1 & 1 & 2 & 3 \\ 0 & 3 & 6 & 18 \\ 0 & 7 & 15 & 40 \end{array}\right) \quad \begin{array}{l} \text{I.} \to \text{I.} \\ \text{II.} \to \text{II.} \\ \text{III.} \to 7\cdot\text{II.}-3\cdot\text{III.} \end{array}$$

$$\left(\begin{array}{ccc|c} -1 & 1 & 2 & 3 \\ 0 & 3 & 6 & 18 \\ 0 & 0 & -3 & 6 \end{array}\right)$$

$$\begin{array}{lrcl} \text{(I.)} & -x+10+2\cdot(-2)=3 & \Rightarrow & x=3 \\ \text{(II.)} & 3y+6\cdot(-2)=18 & \Rightarrow & y=10 \\ \text{(III.)} & -3z=6 & \Rightarrow & z=-2 \end{array}$$

$\Rightarrow \mathbb{L}=\{(3;10;-2)\}$

a2)
$$\left(\begin{array}{ccc|c} -1 & 4 & 7 & -30 \\ 2 & 5 & 8 & -30 \\ 3 & 6 & 9 & -30 \end{array}\right) \quad \begin{array}{l} \text{I.} \to \text{I.} \\ \text{II.} \to 2\cdot\text{I}+\text{II.} \\ \text{III.} \to 3\cdot\text{I.}+\text{III.} \end{array}$$

$$\left(\begin{array}{ccc|c} -1 & 4 & 7 & -30 \\ 0 & 13 & 22 & -90 \\ 0 & 18 & 30 & -120 \end{array}\right) \quad \begin{array}{l} \text{I.} \to \text{I.} \\ \text{II.} \to \text{II.} \\ \text{III.} \to 18\cdot\text{II.}-13\cdot\text{III.} \end{array}$$

$$\left(\begin{array}{ccc|c} -1 & 4 & 7 & -30 \\ 0 & 13 & 22 & -90 \\ 0 & 0 & 6 & -60 \end{array}\right)$$

$$\begin{array}{lrcl} \text{(I.)} & -x_1+4\cdot10+7\cdot(-10)=-30 & \Rightarrow & x_1=0 \\ \text{(II.)} & 13x_2+22\cdot(-10)=-90 & \Rightarrow & x_2=10 \\ \text{(III.)} & 6x_3=-60 & \Rightarrow & x_3=-10 \end{array}$$

$\Rightarrow \mathbb{L}=\{(0;\ 10;\ -10)\}$

Hinweis: In a1 kann Zeile I gleich durch 2 geteilt werden. Das bietet sich hier an, weil alle Zahlen gerade sind und man die Zahlen selbst nicht unnötig groß haben möchte. Manchmal hat man nur die Wahl zwischen dem einen Übel großer Zahlen (durch Hochmultiplizieren) und dem anderen Übel, mit Brüchen weiter zu rechnen (durch Division einer Zeile durch eine Zahl). Es ist letztlich auch ein wenig Geschmackssache, wie man dann entscheidet.

a3)

$$\left(\begin{array}{ccc|c} -1 & -4 & -2 & 26 \\ -4 & -1 & 0 & 7 \\ -2 & 0 & -1 & -1 \end{array}\right) \quad \begin{array}{l} \text{I.} \to -1 \cdot \text{I.} \\ \text{II.} \to 4 \cdot \text{I.} - \text{II.} \\ \text{III.} \to 2 \cdot \text{I.} - \text{III.} \end{array}$$

$$\left(\begin{array}{ccc|c} 1 & 4 & 2 & -26 \\ 0 & -15 & -8 & 97 \\ 0 & -8 & -3 & 53 \end{array}\right) \quad \begin{array}{l} \text{I.} \to \text{I.} \\ \text{II.} \to \text{II.} \\ \text{III.} \to 3 \cdot \text{II.} + 2 \cdot \text{III.} \end{array}$$

$$\left(\begin{array}{ccc|c} 1 & 4 & 2 & -26 \\ 0 & -15 & -8 & 97 \\ 0 & 0 & -19 & -19 \end{array}\right)$$

(I.) $a + 4 \cdot (-7) + 2 \cdot 1 = -26 \Rightarrow a = 0$

(II.) $-15b - 8 \cdot 1 = 97 \Rightarrow b = -7$

(III.) $-19c = -19 \Rightarrow c = 1$

$\Rightarrow \mathbb{L} = \{(0;-7;1)\}$

b1)

$$\left(\begin{array}{ccc|c} 0 & 1 & 4 & 3 \\ 2 & -1 & 8 & 26 \\ -6 & 0 & -4 & -23 \end{array}\right)$$

Tausche I. mit III. wegen führender Null in I.

$$\left(\begin{array}{ccc|c} -6 & 0 & -4 & -23 \\ 2 & -1 & 8 & 26 \\ 0 & 1 & 4 & 3 \end{array}\right) \quad \begin{array}{l} \text{I.} \to \text{I.} \\ \text{II.} \to \text{I.} + 3 \cdot \text{II.} \\ \text{III.} \to \text{III.} \end{array}$$

$$\left(\begin{array}{ccc|c} -6 & 0 & -4 & -23 \\ 0 & -3 & 20 & 55 \\ 0 & 1 & 4 & 3 \end{array}\right) \quad \begin{array}{l} \text{I.} \to \text{I.} \\ \text{II.} \to \text{II.} \\ \text{III.} \to \text{II.} + 3 \cdot \text{III.} \end{array}$$

$$\left(\begin{array}{ccc|c} -6 & 0 & -4 & -23 \\ 0 & -3 & 20 & 55 \\ 0 & 0 & 32 & 64 \end{array}\right)$$

(I.) $-6\mu + -4 \cdot 2 = -23 \Rightarrow \mu = \frac{5}{2}$

(II.) $-3\lambda + 20 \cdot 2 = 55 \Rightarrow \lambda = -5$

(III.) $32\omega = 64 \Rightarrow \omega = 2$

$\Rightarrow \mathbb{L} = \{(\frac{5}{2};-5;2)\}$

b2)

$$\left(\begin{array}{ccc|c} 7 & 10 & -3 & 27 \\ -5/2 & 4 & -2 & -12 \\ 7/2 & 6 & 5 & 27 \end{array}\right) \quad \begin{array}{l} \text{I.} \to \text{I.} \\ \text{II.} \to 2 \cdot \text{II.}^{①} \\ \text{III.} \to 2 \cdot \text{III.} \end{array}$$

$$\left(\begin{array}{ccc|c} 7 & 10 & -3 & 27 \\ -5 & 8 & -4 & -24 \\ 7 & 12 & 10 & 54 \end{array}\right) \quad \begin{array}{l} \text{I.} \to \text{I.} \\ \text{II.} \to 5 \cdot \text{I.} + 7 \cdot \text{II.} \\ \text{III.} \to \text{I.} - \text{III.} \end{array}$$

$$\left(\begin{array}{ccc|c} 7 & 10 & -3 & 27 \\ 0 & 106 & -43 & -33 \\ 0 & -2 & -13 & -27 \end{array}\right) \quad \begin{array}{l} \text{I.} \to \text{I.} \\ \text{II.} \to \text{II.} \\ \text{III.} \to \text{II.} + 53 \cdot \text{III.} \end{array}$$

$$\left(\begin{array}{ccc|c} 7 & 10 & -3 & 27 \\ 0 & 106 & -43 & -33 \\ 0 & 0 & -732 & -1464 \end{array}\right)$$

(I.) $7a_1 + 10 \cdot \frac{1}{2} - 3 \cdot 2 = 27 \Rightarrow a_1 = 4$

(II.) $106a_2 - 43 \cdot 2 = -33 \Rightarrow a_2 = \frac{1}{2}$

(III.) $-732a_3 = -1464 \Rightarrow a_3 = 2$

$\Rightarrow \mathbb{L} = \{(4;\frac{1}{2};2)\}$

b3)

$$\left(\begin{array}{ccc|c} 4 & 9/2 & -5/4 & 65/2 \\ 1 & 4 & 0 & 12 \\ 17/2 & 13/2 & 5 & 17 \end{array}\right) \quad \begin{array}{l} \text{I.} \to 4 \cdot \text{I.} \\ \text{II.} \to \text{I} - 4 \cdot \text{II.}^{②} \\ \text{III.} \to \frac{17}{2}\text{II.} - \text{III.} \end{array}$$

$$\left(\begin{array}{ccc|c} 16 & 18 & -5 & 130 \\ 0 & -23/2 & -5/4 & -31/2 \\ 0 & 55/2 & -5 & 85 \end{array}\right) \quad \begin{array}{l} \text{I.} \to \text{I.} \\ \text{II.} \to 4 \cdot \text{II.} \\ \text{III.} \to 2 \cdot \text{III.} \end{array}$$

$$\left(\begin{array}{ccc|c} 16 & 18 & -5 & 130 \\ 0 & -46 & -5 & -62 \\ 0 & 55 & -10 & 170 \end{array}\right) \quad \begin{array}{l} \text{I.} \to \text{I.} \\ \text{II.} \to \text{II.} \\ \text{III.} \to 2 \cdot \text{II.} - \text{III.}^{③} \end{array}$$

$$\left(\begin{array}{ccc|c} 16 & 18 & -5 & 130 \\ 0 & -46 & -5 & -62 \\ 0 & -147 & 0 & -294 \end{array}\right)$$

(I.) $16x + 18 \cdot 2 - 5 \cdot (-6) = 130 \Rightarrow x = 4$

(II.) $-46 \cdot 2 - 5 \cdot z = -62 \Rightarrow z = -6$

(III.) $-147y = -294 \Rightarrow y = 2$

$\Rightarrow \mathbb{L} = \{(4;2;-6)\}$

① In aller Regel ist es sinnvoll, Brüche durch Multiplikation mit einem geeigneten Faktor zu beseitigen.

② Und so sieht es aus, wenn man die Brüche nicht konsequent wegmultipliziert. Achtung! Wer b3) mit den Dezimalzahlen aus der Aufgabenstellung bearbeiten will, sollte Zwischenergebnisse auf keinen Fall zu stark runden!

③ Da 5 und 10 deutlich besser zueinander passen als 46 und 55, eliminiere ich hier den z-Koeffizienten –10. Die Dreiecksform wird nicht erreicht, aber eine andere zur Lösung führende Form. Wer streng nach Schema arbeiten will, kann am Ende noch Spalte 2 und 3 tauschen – dann ist es wieder die Dreiecksform.

Aufgabe 2

Bilde die Gauß-Matrix, bringe sie in Dreiecksform und bestimme die Lösungsmenge.

a)
$$\begin{aligned} &(I.) && 2x-3y+5z=-4\\ &(II.) && -6x+9y-15z=12\\ &(III.) && 4x-9y+9z=-13 \end{aligned}$$

$$\begin{aligned} &(I.) && x_1-4x_2-x_3=-5\\ &(II.) && x_1-2x_2-x_3=-1\\ &(III.) && 2x_1+3x_2-x_3=10\\ &(IV.) && 4x_1-3x_2-3x_3=4 \end{aligned}$$

b)
$$\begin{aligned} &(I.) && 2a-3b+5c=-5\\ &(II.) && 4a+3b-15c=1\\ &(III.) && 2a+6b-10c=-4\\ &(IV.) && -4a+3b-4c=9 \end{aligned}$$

$$\begin{aligned} &(I.) && -5x-y+3z=8\\ &(II.) && 20x+4y-12z=-32\\ &(III.) && 5x+y+6z=19\\ &(IV.) && -10x-2y-3z=-11 \end{aligned}$$

Lösung

a1)
$$\left(\begin{array}{ccc|c} 2 & -3 & 5 & -4\\ -6 & 9 & -15 & 12\\ 4 & -9 & 9 & -13 \end{array}\right) \quad \begin{array}{l} I.\to I.\\ II.\to 3\cdot I.+II.\\ III.\to 2\cdot I.-III. \end{array}$$

$$\left(\begin{array}{ccc|c} 2 & -3 & 5 & -4\\ 0 & 0 & 0 & 0\\ 0 & 3 & 1 & 5 \end{array}\right) \quad \text{Nullzeile streichen}$$

Hier sieht man beispielhaft, wie ein 3x3 System mithilfe des Gauß-Verfahrens in ein 2x3 System überführt wird. Letztlich sind in diesem LGS also n=3 Variablen mit m=2 unabhängigen Gleichungen (Forderungen). Damit ist der der Fall „unendlich viele Lösungen n>m" gegeben. Zur Angabe der Lösungsmenge muss ein Parameter p eingeführt werden. Um zu viele Brüche zu vermeiden, ist es hier geschickt, nicht die letzte Variable z, sondern die vorletzte Variable y gleich p zu setzen.

Sei $\underline{y=p}$ mit $p\in\mathbb{R}$

$\Rightarrow$ (II.) $3p+z=5 \quad | -3p$

$\underline{z=-3p+5}$

(I.) $2x-3p+5\cdot\underbrace{(-3p+5)}_{z}=-4 \quad |+18p \quad |-25 \quad |:2$

$\underline{x=9p-29/2}$

$\mathbb{L}=\{(9p-29/2\ ;\ p\ ;\ -3p+5)\ |\ p\in\mathbb{R}\}$

a2)
$$\left(\begin{array}{ccc|c} 1 & -4 & -1 & -5\\ 1 & -2 & -1 & -1\\ 2 & 3 & -1 & 10\\ 4 & -3 & -3 & 4 \end{array}\right) \quad \begin{array}{l} I.\to I.\\ II.\to I.-II.\\ III.\to 2\cdot II.-III.\\ IV.\to 4\cdot II-IV. \end{array}$$

$$\left(\begin{array}{ccc|c} 1 & -4 & -1 & -5\\ 0 & -2 & 0 & -4\\ 0 & -7 & -1 & -12\\ 0 & -5 & -1 & -8 \end{array}\right) \quad \begin{array}{l} I.\to I.\\ II.\to \frac{1}{2}\cdot II.\\ III.\to \frac{7}{2}\cdot II.-III.\\ IV.\to \frac{5}{2}\cdot II.-IV. \end{array}$$

$$\left(\begin{array}{ccc|c} 1 & -4 & -1 & -5\\ 0 & 1 & 0 & 2\\ 0 & 0 & 1 & -2\\ 0 & 0 & 1 & -2 \end{array}\right) \quad \begin{array}{l} I.\to I.\\ II.\to II.\\ III.\to III.\\ IV.\to III.-IV. \end{array}$$

$$\left(\begin{array}{ccc|c} 1 & -4 & -1 & -5\\ 0 & 1 & 0 & 2\\ 0 & 0 & 1 & -2\\ 0 & 0 & 0 & 0 \end{array}\right) \quad \begin{array}{l} \\ \Rightarrow x_2=2\\ \Rightarrow x_3=-2 \end{array}$$

(I.) $x_1-4\cdot 2-1\cdot(-2)=-5 \quad \Rightarrow \quad x_1=1$

$\Rightarrow \mathbb{L}=\{(1;2;-2)\}$

Hier bleiben letztlich m=3 unabhängige Gleichungen, was bei n=3 Variablen zur eindeutigen Lösung führt. Gleichung 2 und 3 ermöglichen das direkte Herauslesen der Werte x_2 und x_3.[1]

[1] In seltenen Fällen unterrichten Lehrer das sogenannte „Gauß-Jordan-Verfahren". Dabei arbeitet man bis zum Schluss mit Matrizen und bringt die Zeilen in eben diese Form. Die Arbeit, die man sich am Schluss spart, muss hier in der Matrix geleistet werden. Mehr dazu im PC-Kurs, siehe Hinweis Seite 61.

b1)

$$\left(\begin{array}{ccc|c} 2 & -3 & 5 & -5 \\ 4 & 3 & -15 & 1 \\ 2 & 6 & -10 & -4 \\ -4 & 3 & -4 & 9 \end{array}\right) \quad \begin{array}{l} I. \to I. \\ II. \to 2\cdot I. - II. \\ III. \to I. - III. \\ IV. \to 2\cdot I. + IV. \end{array}$$

$$\left(\begin{array}{ccc|c} 2 & -3 & 5 & -5 \\ 0 & -9 & 25 & -11 \\ 0 & -9 & 15 & -1 \\ 0 & -3 & 6 & -1 \end{array}\right) \quad \begin{array}{l} I. \to I. \\ II. \to II. \\ III. \to II. - III. \\ IV. \to III. - 3\cdot IV. \end{array}$$

$$\left(\begin{array}{ccc|c} 2 & -3 & 5 & -5 \\ 0 & -9 & 25 & -11 \\ 0 & 0 & 10 & -10 \\ 0 & 0 & -3 & 2 \end{array}\right) \quad \begin{array}{l} I. \to I. \\ II. \to II. \\ III. \to III. \\ IV. \to 3\cdot III. + 10\cdot IV. \end{array}$$

$$\left(\begin{array}{ccc|c} 2 & -3 & 5 & -5 \\ 0 & -9 & 25 & -11 \\ 0 & 0 & 10 & -10 \\ 0 & 0 & 0 & -10 \end{array}\right)$$

$\Rightarrow \mathbb{L} = \{\,\}$

Gegeben war ein 4x3 System. Das kann überhaupt nur lösbar sein, wenn eine der Gleichungen redundant ist, also im Verlauf der Lösungssuche herausfällt. Mathematiker nennen so eine Ausgangslage ein „überbestimmtes System".

Hier sind alle 4 Gleichungen unabhängig, so dass sich keine Nullzeile ergibt. Es bleiben n=3 Variablen in m=4 unabhängigen Gleichungen. Damit ist das System unlösbar. Das Gauß-Verfahren liefert in dem Fall eine Widerspruchszeile 0·c=−10.

b2)

$$\left(\begin{array}{ccc|c} -5 & -1 & 3 & 8 \\ 20 & 4 & -12 & -32 \\ 5 & 1 & 6 & 19 \\ -10 & -2 & -3 & -11 \end{array}\right) \quad \begin{array}{l} I. \to I. \\ II. \to 4\cdot I. + II. \\ III. \to I. + III. \\ IV. \to 2\cdot I. - IV. \end{array}$$

$$\left(\begin{array}{ccc|c} -5 & -1 & 3 & 8 \\ \not 0 & \not 0 & \not 0 & \not 0 \\ 0 & 0 & 9 & 27 \\ 0 & 0 & 9 & 27 \end{array}\right) \quad \begin{array}{l} I. \to I. \\ \text{streichen} \\ III. \to \frac{1}{9}\cdot III. \\ IV. \to III. - IV. \end{array}$$

$$\left(\begin{array}{ccc|c} -5 & -1 & 3 & 8 \\ 0 & 0 & 1 & 3 \\ \not 0 & \not 0 & \not 0 & \not 0 \end{array}\right) \quad \Rightarrow \underline{z = 3}$$

$\Rightarrow \quad (I.) \quad -5x - y + 3\cdot(3) = 8$

Es verbleiben n=3 Variablen in m=2 unabhängigen Gleichungen, ein klarer Fall von unendlich vielen Lösungen. Achtung: Auch wenn es unendlich viele Lösungen gibt, so schreibt Zeile II uns dennoch den Wert z=3 fest vor. Der Parameter darf bzw. muss entweder für x oder für y gesetzt werden.

Sei $\underline{x=p}$ mit $p \in \mathbb{R}$

$$\Rightarrow \quad (I.)\; -5p - y + 3\cdot(3) = 8 \quad |+y \quad |-8$$
$$\underline{-5p + 1 = y}$$

$$\mathbb{L} = \{(p\,;\,-5p+1\,;\,3) \mid p \in \mathbb{R}\}$$

Übrigens: Je nachdem, welche Variable du gleich p setzt, kann die Lösungsmenge anders aussehen. Jede mögliche konkrete Wertekombination (x; y; z) lässt sich aber mit jeder Lösungsmenge durch bestimmte p-Werte bilden.

Aufgabe 3: Parameter-Aufgabe (ähnlich Zentralabi Übungsaufgabe)

Eine ähnliche Aufgabe wurde vom Hessischen Kultusministerium als Grundkurs-Übungsaufgabe vor dem ersten Hessischen Zentralabitur im Jahre 2007 veröffentlicht. Da man hier sein ganzes Wissen über die Lösbarkeit von LGS zeigen kann, ist dieser Aufgabentyp auch in anderen Bundesländern für das Mathe-Abitur typisch.

a) Zeige, dass das LGS für $p \neq 6$ eindeutig lösbar ist.

$$\begin{array}{ll} \text{(I.)} & -2a+3b+c=4 \\ \text{(II.)} & -a+2b+c=3 \\ \text{(III.)} & -3a+9b+pc=15 \end{array}$$

b) Bestimme für p=6 die Lösungsmenge.

c) Zusatzfrage von mir: Warum gibt es keinen p-Wert, bei dem das System unlösbar ist?

Lösung

Die Aufgabe entspricht dem auf Seite 33 dargestellten Beispiel 5, allerdings in einer entschärften Version, weil hier nur EIN Parameter frei wählbar ist. Wir arbeiten also zunächst einmal das Gauß-Verfahren ab

a)
$$\left(\begin{array}{ccc|c} -2 & 3 & 1 & 4 \\ -1 & 2 & 1 & 3 \\ -3 & 9 & p & 15 \end{array}\right) \quad \begin{array}{l} \text{I.} \to \text{I.} \\ \text{II.} \to 2\cdot\text{II.}-\text{I.} \\ \text{III.} \to 3\cdot\text{II.}-\text{III.} \end{array}$$

$$\left(\begin{array}{ccc|c} -2 & 3 & 1 & 4 \\ 0 & 1 & 1 & 2 \\ 0 & -3 & 3-p^{①} & -6 \end{array}\right) \quad \begin{array}{l} \text{I.} \to \text{I.} \\ \text{II.} \to \text{II.} \\ \text{III.} \to 3\cdot\text{II.}+\text{III.} \end{array}$$

$$\left(\begin{array}{ccc|c} -2 & 3 & 1 & 4 \\ 0 & 1 & 1 & 2 \\ 0 & 0 & 6-p^{②} & 0 \end{array}\right)$$

Für die Lösbarkeit kommt es nun auf die dritte Zeile an.

$(6-p)\cdot c = 0$

Ist $p \neq 6$, dann ist $(6-p) \neq 0$ und die Gleichung darf durch $(6-p)$ dividiert werden.

$(6-p)\cdot c = 0 \qquad | :(6-p)$

$\Rightarrow \quad c = 0$

Mit bekanntem c gehen dann die Lösungen für b aus II und für a aus I hervor, das LGS ist eindeutig lösbar, der Beweis ist erbracht.

Mancher Lehrer hätte vielleicht auch die knappe Aussage akzeptiert: „Wie man sieht, ergibt sich für $p \neq 6$ in der Gauß-Matrix eine dritte Zeile, die keine Nullzeile und keine Widerspruchszeile darstellt."

Wieder andere Lehrer wollen vielleicht sogar die Lösungsmenge angegeben haben, obwohl das, streng betrachtet, gar nicht in Teil a) gefordert ist. Beim geringsten Zweifel sollte man sie also ruhig schnell noch bestimmen.

① Nebenrechnung: $3\cdot 1 - p = 3 - p$
② Nebenrechnung: $3\cdot 1 + (3-p) = 6 - p$

Angabe der Lösungsmenge zu a) (optional):

$c = 0$

$(II.)\quad 1 \cdot b + 1 \cdot 0 = 2 \qquad \Rightarrow \quad b = 2$

$(I.)\quad -2 \cdot a + 3 \cdot 2 + 1 \cdot 0 = 4 \qquad \Rightarrow \quad a = 1$

$\mathbb{L} = \{(1; 2; 0)\}$

b)

$$\left(\begin{array}{ccc|c} -2 & 3 & 1 & 4 \\ 0 & 1 & 1 & 2 \\ 0 & 0 & 0 & 0 \end{array}\right)$$

Für p=6 bekommt man diese dritte Matrix, bei der nur noch 2 unabhängige Gleichungen vorhanden sind. Damit gibt es unendlich viele Lösungen und die Lösungsmenge muss mithilfe eines Parameters t gebildet werden.

Sei $\underline{c = t}$ mit $t \in \mathbb{R}$

$\Rightarrow \quad (II.)\quad 1 \cdot b + 1 \cdot t = 2 \qquad | -t$

$\underline{b = 2 - t}$

$(I.)\quad -2 \cdot a + 3 \cdot (2 - t) + t = 4 \qquad | -6 \quad | +2t \quad | :(-2)$

$\underline{a = 1 - t}$

$\mathbb{L} = \{(1 - t\ ;\ 2 - t\ ;\ t) \mid t \in \mathbb{R}\}$

c)

$$\left(\begin{array}{ccc|c} -2 & 3 & 1 & 4 \\ 0 & 1 & 1 & 2 \\ 0 & 0 & 6-p & 0 \end{array}\right)$$

Knappe Antwort: Beim unlösbaren System muss es eine Zeile geben, die links nur Nullen hat und rechts KEINE Null. Da die rechte Seite hier nicht durch Parameter beeinflussbar ist, kann die dritte Zeile (wie übrigens auch die anderen beiden Zeilen) keine solche Widerspruchszeile werden.

Ausführliche Antwort: Die dritte Zeile steht für $(6 - p) \cdot c = 0$. Wenn der Klammerausdruck nicht schon Null liefert, kann die Gleichung in jedem Fall noch mit c=0 zu einer wahren Aussage werden. Und da c Bestandteil der Lösung ist, wird es, wann immer nötig, den Wert Null annehmen. Die Unbekannten a, b, c bieten also grundsätzlich keine Wahlmöglichkeit, sondern nehmen immer den Wert an, der gerade gebraucht wird.
(Einzige Ausnahme: es tritt der Sonderfall mit unendlich vielen Lösungen ein).

Merke: c=0 ist kein Sonderfall, sondern gehört in die Kategorie: Eindeutig lösbares System.

Bei den nun folgenden Aufgaben steht das lineare Gleichungssystem in einem sachlichen Zusammenhang mit einer Fachaufgabe. Wenn ihr in der Schule noch nicht an diesem Thema gearbeitet habt, kannst du in der Lösung den Ansatz, also das erste LGS oder die erste Gauß-Matrix, nachschlagen und dann wie gehabt das Gauß-Verfahren üben.

Aufgabe 4: Räumliche Lagebeziehungen von Ebenen und Geraden

Ebenen und Geraden stellen letztlich Mengen dar, die unendlich viele Punkte enthalten. Untersuche, gegebenenfalls in Abhängigkeit der Parameter s und t, welche Art von Lagebeziehung (bzw. von Lösbarkeit des LGS) jeweils vorliegt. Eine genaue Angabe der Schnittmenge (der Lösungsmenge des Gleichungssystems) ist hier nicht erforderlich.

Gegeben sind die Ebenen E1, E2 und die Gerade g mit:

$$E1:\ \vec{x}=\begin{pmatrix}4\\8\\t\end{pmatrix}+u\cdot\begin{pmatrix}1\\2\\3\end{pmatrix}+v\cdot\begin{pmatrix}-2\\-1\\s\end{pmatrix}\qquad E2:\ \vec{x}=\begin{pmatrix}0\\3\\-3\end{pmatrix}+n\cdot\begin{pmatrix}2\\4\\6\end{pmatrix}+m\cdot\begin{pmatrix}2\\1\\-2\end{pmatrix}\qquad g:\ \vec{x}=\begin{pmatrix}-5\\5\\15\end{pmatrix}+q\cdot\begin{pmatrix}2\\-4\\6\end{pmatrix}$$

a) Bestimme die Lagebeziehung zwischen E1 und g

b) Bestimme die Lagebeziehung zwischen E1 und E2

Lösung

Die Lagebeziehungen aus diesen sogenannten „Parameter-Formen" ergeben sich durch Gleichsetzen der beiden Vektoren $\vec{x}$. Damit wird mathematisch gesehen die Frage gestellt: Für welche Parameterkombination (u; v; q) erzeugt die Ebene E1 den gleichen Vektor bzw. den gleichen Punkt wie die Gerade g? Gibt es keine (genau eine, unendlich viele) solche Parameterkombination, dann gibt es keine (eine, eine) Schnittmenge bzw. keine (genau einen, unendlich viele) gemeinsamen Punkte, mit entsprechenden Konsequenzen für das Schnittbild.

a) $$\begin{pmatrix}4\\8\\t\end{pmatrix}+u\cdot\begin{pmatrix}1\\2\\3\end{pmatrix}+v\cdot\begin{pmatrix}-2\\-1\\s\end{pmatrix}=\begin{pmatrix}-5\\5\\15\end{pmatrix}+q\cdot\begin{pmatrix}2\\-4\\6\end{pmatrix}\quad\left|\ -q\cdot\begin{pmatrix}2\\-4\\6\end{pmatrix}\right.\quad\left|\ -\begin{pmatrix}4\\8\\t\end{pmatrix}\right.$$

$$q\cdot\begin{pmatrix}-2\\4\\-6\end{pmatrix}+u\cdot\begin{pmatrix}1\\2\\3\end{pmatrix}+v\cdot\begin{pmatrix}-2\\-1\\s\end{pmatrix}=\begin{pmatrix}-9\\-3\\15-t\end{pmatrix}$$

Mit Blick auf die anzustrebende Dreiecksform ist es hilfreich, den zu v gehörenden Vektor, der den Parameter s enthält, direkt neben das Gleichheitszeichen zu platzieren.

$$\left(\begin{array}{ccc|c} -2 & 1 & -2 & -9 \\ 4 & 2 & -1 & -3 \\ -6 & 3 & s & 15-t \end{array}\right) \quad \begin{array}{l} I. \to I. \\ II. \to 2\cdot I. + II. \\ III. \to 3\cdot I. - III. \end{array}$$

Nebenrechnungen:

$$3\cdot(-2)-s=-6-s$$
$$3\cdot(-9)-(15-t)=-27-15+t=-42+t$$

$$\left(\begin{array}{ccc|c} -2 & 1 & -2 & -9 \\ 0 & 4 & -5 & -21 \\ 0 & 0 & -6-s & -42+t \end{array}\right)$$

Jetzt gilt es wieder, durch geeignete Festlegung der Parameter s und t in der dritten Zeile einen der drei Standardfälle der Lösbarkeit zu erzeugen.

<u>Möglichkeit 1: g liegt in E1(unendliche viele Lösungen)</u>

Es gibt unendlich viele Schnittpunkte. Die letzte Zeile der Gauß-Matrix ist eine Nullzeile. Dann muss gelten:

$$-6-s=0 \quad \Rightarrow \quad s=-6$$
$$-42+t=0 \quad \Rightarrow \quad t=42$$

<u>Möglichkeit 2: g durchstößt E1(eindeutige Lösung)</u>

Es gibt genau einen Schnittpunkt bzw. Durchstoßpunkt. Die letzte Zeile der Gauß-Matrix enthält links genau einen von Null verschiedenen Koeffizienten, die rechte Seite ist egal. Dann muss gelten:

$$-6-s\neq 0 \quad \Rightarrow \quad s\neq -6$$

<u>Möglichkeit 3: g liegt parallel zu E1(keine Lösung)</u>

Es gibt keinen Schnittpunkt. Die letzte Zeile der Gauß-Matrix ist eine Widerspruchszeile. Dann muss gelten:

$$-6-s=0 \quad \Rightarrow \quad s=-6$$
$$-42+t\neq 0 \quad \Rightarrow \quad t\neq 42$$

b)

$$\begin{pmatrix}4\\8\\t\end{pmatrix}+u\cdot\begin{pmatrix}1\\2\\3\end{pmatrix}+v\cdot\begin{pmatrix}-2\\-1\\s\end{pmatrix}=\begin{pmatrix}0\\3\\-3\end{pmatrix}+n\cdot\begin{pmatrix}2\\4\\6\end{pmatrix}+m\cdot\begin{pmatrix}2\\1\\-2\end{pmatrix} \quad \left|-\begin{pmatrix}4\\8\\t\end{pmatrix} \quad \right| -n\cdot\begin{pmatrix}2\\4\\6\end{pmatrix} \quad \left| -m\cdot\begin{pmatrix}2\\1\\-2\end{pmatrix}\right.$$

$$n\cdot\begin{pmatrix}-2\\-4\\-6\end{pmatrix}+m\cdot\begin{pmatrix}-2\\-1\\2\end{pmatrix}+u\cdot\begin{pmatrix}1\\2\\3\end{pmatrix}+v\cdot\begin{pmatrix}-2\\-1\\s\end{pmatrix}=\begin{pmatrix}-4\\-5\\-3-t\end{pmatrix}$$

Auch hier sollte der Vektor mit s unmittelbar neben dem Gleichheitszeichen stehen, damit s bis zum Erreichen der Dreiecksform in Zeile 3 mitgeführt wird.

$$\left(\begin{array}{cccc|c} -2 & -2 & 1 & -2 & -4 \\ -4 & -1 & 2 & -1 & -5 \\ -6 & 2 & 3 & s & -3-t \end{array}\right) \quad \begin{array}{l} I. \to I. \\ II. \to 2\cdot I. - II. \\ III. \to 3\cdot I. - III. \end{array}$$

Nebenrechnungen:

$3\cdot(-2)-s=-6-s$

$3\cdot(-4)-(-3-t)=-12+3+t=-9+t$

$$\left(\begin{array}{cccc|c} -2 & -2 & 1 & -2 & -4 \\ 0 & -3 & 0 & -3 & -3 \\ 0 & -8 & 0 & -6-s & -9+t \end{array}\right) \quad \begin{array}{l} I. \to I. \\ II. \to -\frac{1}{3} II. \\ III. \to \frac{8}{3}\cdot II. - III. \end{array}$$

$\frac{8}{3}\cdot(-3)-(-6-s)=-8+6+s=-2+s$

$\frac{8}{3}\cdot(-3)-(-9+t)=-8+9-t=1-t$

$$\left(\begin{array}{cccc|c} -2 & -2 & 1 & -2 & -4 \\ 0 & 1 & 0 & 1 & 1 \\ 0 & 0 & 0 & -2+s & 1-t \end{array}\right)$$

Das Augenmerk richtet sich wie bei a) auf die letzte Zeile. Doch Vorsicht! Da wir hier n=4 Variablen haben, ist die Interpretation etwas anders. Vergiss nicht: Die Frage der Lösbarkeit des LGS hängt immer von der Anzahl n im Vergleich zu m ab (Vergleiche Seite 18 Kasten).

<u>Möglichkeit 1: E1 und E2 liegen parallel zueinander (keine Lösung)</u>

Es gibt keinen gemeinsamen Punkt. Das bedeutet für das LGS, dass es keine Lösung hat. In diesem Fall muss die unterste Zeile eine Widerspruchszeile sein. Dann muss gelten:

$$-2+s=0 \quad \Rightarrow \quad s=2$$
$$1-t\neq 0 \quad \Rightarrow \quad t\neq 1$$

<u>Möglichkeit 2: E1 und E2 haben eine Schnittgerade (unendlich viele Lösungen)</u>

Dies ist der Standardfall, der immer genau dann eintritt, wenn die drei gegebenen Gleichungen tatsächlich unabhängig sind, also n=4 Variablen mit m=3 Gleichungen. Dann ist Zeile III weder Nullzeile noch Widerspruchszeile. Die unendlich vielen Lösungen lassen sich interpretieren als die unendlich vielen gemeinsamen Punkte einer Schnittgeraden.

$$-2+s\neq 0 \quad \Rightarrow \quad s\neq 2$$

<u>Möglichkeit 3: E1 und E2 liegen ineinander, sie sind identisch (unendlich viele Lösungen)</u>

Dieser Fall ergibt sich, wenn n=4 Variable in m=2 unabhängigen Gleichungen stehen, also wenn Zeile III eine Nullzeile ist. Jetzt sind sogar 2 Variable frei wählbar (sogenannte zwei „Freiheitsgrade"), bevor man eine konkrete Lösung (u; v; n; m) bestimmen könnte. Die zwei Freiheitsgrade stehen letztlich für die zwei Raumrichtungen, entlang derer es unendlich viele gemeinsame Punkte gibt. Die Schnittfigur ist also etwas 2-dimensionales, eine Ebene.

$$-2+s=0 \quad \Rightarrow \quad s=2$$
$$1-t=0 \quad \Rightarrow \quad t=1$$

Aufgabe 5: Rekonstruktionsaufgabe (Steckbriefaufgabe)

Bestimme die punktsymmetrische ganzrationale Funktion 5. Grades, die bei (2 | 32) einen Sattelpunkt hat.

Lösung

Das Thema Rekonstruktionsaufgaben ist Abi-Thema in allen Bundesländern und setzt unter anderem die Kenntnis der Extrem- und Wendepunktbestimmung (Stichwort „Kurvendiskussion“) voraus[1]. Als Ansatz bildet man das allgemeine Schema einer punktsymmetrischen Funktion 5. Grades inklusive der Ableitungen mit den Koeffizienten a, b und c:

$$\begin{aligned} f(x) &= ax^5 + bx^3 + cx \\ f'(x) &= 5ax^4 + 3bx^2 + c \\ f''(x) &= 20ax^3 + 6bx \end{aligned}$$

Zusammentragen der Informationen. Daraus folgen die drei linearen Gleichungen mit a, b, c.

$$\begin{aligned} f(2) &= 32 = a\cdot 2^5 + b\cdot 2^3 + c\cdot 2 && \Rightarrow \quad (\text{I.})\ 32a + 8b + 2c = 32 \\ f'(2) &= 0 = 5a\cdot 2^4 + 3b\cdot 2^2 + c && \Rightarrow \quad (\text{II.})\ 80a + 12b + c = 0 \\ f''(2) &= 0 = 20a\cdot 2^3 + 6b\cdot 2 && \Rightarrow \quad (\text{III.})\ 160a + 12b = 0 \end{aligned}$$

Auflösen des LGS, zum Beispiel mit dem Gauß-Verfahren…

$$\left(\begin{array}{ccc|c} 32 & 8 & 2 & 32 \\ 80 & 12 & 1 & 0 \\ 160 & 12 & 0 & 0 \end{array}\right) \quad \begin{array}{l} \text{I.} \to \tfrac{1}{2}\cdot \text{I.} \\ \text{II.} \to \tfrac{5}{2}\cdot \text{I.} - \text{II.} \\ \text{III.} \to 5\cdot \text{I.} - \text{III.} \end{array}$$

$$\left(\begin{array}{ccc|c} 16 & 4 & 1 & 16 \\ 0 & 8 & 4 & 80 \\ 0 & 28 & 10 & 160 \end{array}\right) \quad \begin{array}{l} \text{I.} \to \text{I.} \\ \text{II.} \to \tfrac{1}{4}\cdot \text{II.} \\ \text{III.} \to \tfrac{7}{2}\cdot \text{II.} - \text{III.} \end{array}$$

$$\left(\begin{array}{ccc|c} 16 & 4 & 1 & 16 \\ 0 & 2 & 1 & 20 \\ 0 & 0 & 4 & 120 \end{array}\right) \quad \begin{array}{lll} (\text{I.})\ 16a + 4\cdot(-5) + 30 = 16 & \Rightarrow & a = \tfrac{3}{8} \\ (\text{II.})\ 2b + 1\cdot 30 = 20 & \Rightarrow & b = -5 \\ (\text{III.})\ 4c = 120 & \Rightarrow & c = 30 \end{array}$$

$$\Rightarrow \quad \underline{f(x) = \tfrac{3}{8}x^5 - 5x^3 + 30x}$$

[1] Die Bestimmung von Funktionen im Rahmen von Rekonstruktionsaufgaben ist ebenfalls ein sehr wichtiges Abiturthema. Alles dazu findest du in meinem Buch „Der Mathe-Dschungelführer Analysis: Rekonstruktionsaufgaben, Steckbriefaufgaben“.

Aufgabe 6: Lineare Unabhängigkeit von Vektoren

Prüfe, ob die Vektoren $\vec{v}_1$ bis $\vec{v}_3$ linear unabhängig sind.

a) $\vec{v}_1 = \begin{pmatrix} 1{,}2 \\ -1{,}2 \\ 3 \end{pmatrix} \quad \vec{v}_2 = \begin{pmatrix} -1{,}2 \\ 1{,}2 \\ 3 \end{pmatrix} \quad \vec{v}_3 = \begin{pmatrix} 3 \\ 1{,}2 \\ -1{,}2 \end{pmatrix}$

b) $\vec{v}_1 = \begin{pmatrix} 6{,}5 \\ 6{,}5 \\ 1 \end{pmatrix} \quad \vec{v}_2 = \begin{pmatrix} 1 \\ 6{,}5 \\ 7{,}5 \end{pmatrix} \quad \vec{v}_3 = \begin{pmatrix} 7{,}5 \\ 13 \\ 8{,}5 \end{pmatrix}$

Lösung

Über das Thema lineare Unabhängigkeit von Vektoren lässt sich wieder eine ganze Menge sagen. Es ist eigentlich nicht meine Art, derartiges Wissen in Kurzform hinzuknallen (darauf verstehen sich andere Autoren besser ☺). Da es in diesem Buch wie gesagt zentral um das Gauß-Verfahren geht, mache ich hier eine Ausnahme.

Eine Menge von n Vektoren heißt **linear unabhängig**, wenn ihre **Linearkombination** nur mit der **Triviallösung** den Nullvektor $\vec{0}$ erzeugen kann, wenn also die folgende Gleichung nur durch $a_1 = a_2 = ... = a_n = 0$ lösbar ist. Diese Lösung gibt es immer. Existieren noch andere Lösungen, dann heißen die Vektoren **linear abhängig**. In der analytischen Geometrie, wo man mit Vektoren in der Fläche (V^2) und im Raum (V^3) arbeitet, zeigen linear unabhängige Vektoren in unterschiedliche Raumrichtungen, sie spannen eine Fläche bzw. einen Raumkörper (sog. „Spat") auf.

$$a_1 \cdot \vec{v}_1 + a_2 \cdot \vec{v}_2 + ... + a_n \cdot \vec{v}_n = \vec{0}$$

a) Gesucht ist also die Lösung folgender Gleichung, bzw. die Antwort auf die Frage, ob diese Gleichung nur eindeutig (nämlich trivial) lösbar ist. Und diese Frage führt zu einem LGS.

$$a_1 \cdot \begin{pmatrix} 1{,}2 \\ -1{,}2 \\ 3 \end{pmatrix} + a_2 \cdot \begin{pmatrix} -1{,}2 \\ 1{,}2 \\ 3 \end{pmatrix} + a_3 \cdot \begin{pmatrix} 3 \\ 1{,}2 \\ -1{,}2 \end{pmatrix} = \begin{pmatrix} 0 \\ 0 \\ 0 \end{pmatrix}$$

$$\begin{array}{lrrrl} (I.) & 1{,}2a_1 & -1{,}2a_2 & +3a_3 & =0 \\ (II.) & -1{,}2a_1 & +1{,}2a_2 & +1{,}2a_3 & =0 \\ (III.) & 3a_1 & +3a_2 & -1{,}2a_3 & =0 \end{array}$$

$$\left(\begin{array}{ccc|c} 1{,}2 & -1{,}2 & 3 & 0 \\ -1{,}2 & 1{,}2 & 1{,}2 & 0 \\ 3 & 3 & -1{,}2 & 0 \end{array}\right) \quad \begin{array}{l} \text{I.} \to 5\cdot\text{I.} \\ \text{II.} \to \text{I.}+\text{II.} \\ \text{III.} \to 5\cdot\text{I.}-2\cdot\text{III.} \end{array}$$

$$\left(\begin{array}{ccc|c} 6 & -6 & 15 & 0 \\ 0 & 0 & 4{,}2 & 0 \\ 0 & -12 & 17{,}4 & 0 \end{array}\right)$$

Tausche Zeile II. mit Zeile III.

$$\left(\begin{array}{ccc|c} 6 & -6 & 15 & 0 \\ 0 & -12 & 17{,}4 & 0 \\ 0 & 0 & 4{,}2 & 0 \end{array}\right)$$

Am Ende wird die ganz normale Dreiecksform erreicht, d.h. es bleiben n=3 Variablen in m=3 unabhängigen Gleichungen. Das System ist eindeutig lösbar, nämlich nur mit der Triviallösung (0; 0; 0). Die Vektoren sind **linear unabhängig**.

b) Ansatz:

$$a_1 \cdot \begin{pmatrix} 6{,}5 \\ 6{,}5 \\ 1 \end{pmatrix} + a_2 \cdot \begin{pmatrix} 1 \\ 6{,}5 \\ 7{,}5 \end{pmatrix} + a_3 \cdot \begin{pmatrix} 7{,}5 \\ 13 \\ 8{,}5 \end{pmatrix} = \begin{pmatrix} 0 \\ 0 \\ 0 \end{pmatrix}$$

LGS:

$$\begin{array}{llll} (\text{I.}) & 6{,}5a_1 & +1a_2 & +7{,}5a_3 = 0 \\ (\text{II.}) & 6{,}5a_1 & +6{,}5a_2 & +13a_3 = 0 \\ (\text{III.}) & 1a_1 & +7{,}5a_2 & +8{,}5a_3 = 0 \end{array}$$

Bestimmung der Anzahl unabhängiger Gleichungen mit dem Gauß-Verfahren:

$$\left(\begin{array}{ccc|c} 6{,}5 & 1 & 7{,}5 & 0 \\ 6{,}5 & 6{,}5 & 13 & 0 \\ 1 & 7{,}5 & 8{,}5 & 0 \end{array}\right) \quad \begin{array}{l} \text{I.} \to 2\cdot\text{I.} \\ \text{II.} \to \text{I.}-\text{II.} \\ \text{III.} \to 2\cdot\text{I.}-13\cdot\text{III.} \end{array}$$

$$\left(\begin{array}{ccc|c} 13 & 2 & 15 & 0 \\ 0 & -5{,}5 & -5{,}5 & 0 \\ 0 & -95{,}5 & -95{,}5 & 0 \end{array}\right) \quad \begin{array}{l} \text{I.} \to \text{I.} \\ \text{II.} \to 2\cdot\text{II.} \\ \text{III.} \to 95{,}5\cdot\text{II.}-5{,}5\cdot\text{III.} \end{array}$$

$$\left(\begin{array}{ccc|c} 13 & 2 & 15 & 0 \\ 0 & -11 & -11 & 0 \\ 0 & 0 & 0 & 0 \end{array}\right)$$

Am Ende ist durch die Nullzeile offensichtlich, dass von den 3 Gleichungen nur m=2 unabhängig sind und eine redundant. Das System hat also unendlich viele Lösungen, dadurch ist es auch mit anderen Lösungen als der Triviallösung lösbar, z.B. (−1; −1; 1). Die Vektoren sind **linear abhängig**.

Aufgabe 7: Rang einer Matrix bestimmen

Die Bestimmung des Ranges einer Matrix ist nicht in allen Bundesländern Abiturwissen. Da ich aber weiß, dass auch manche Studenten dieses Buch lesen – hier ist sie! Eure ganz persönliche Aufgabe. Alle anderen dürfen trotzdem mitrechnen. Es ist kein Hexenwerk.

Bestimme den Rang der folgenden Matrizen!

a) $\begin{pmatrix} 1 & 3 & 5 & -3 & 4 \\ 2 & 4 & 6 & -4 & 8 \end{pmatrix}$ b) $\begin{pmatrix} 1 & 7 \\ 4 & 28 \end{pmatrix}$ c) $\begin{pmatrix} 1 & 3 & 5 \\ 2 & -4 & 6 \\ 4 & 2 & 4 \end{pmatrix}$

Lösung

Der Rang einer Matrix ist die Anzahl m der in ihr enthaltenen UNABHÄNGIGEN ZEILEN. Die Matrix steht hier nicht mehr im Zusammenhang zu einem LGS. Dennoch gilt analog: Die unabhängigen Zeilen (bisher hieß es „unabhängige Gleichungen") sind diejenigen, die in der Dreiecksform nicht als Nullzeilen erscheinen.

a) $\begin{pmatrix} 1 & 3 & 5 & -3 & 4 \\ 2 & 4 & 6 & -4 & 8 \end{pmatrix}$ $\begin{matrix} \text{I.} \rightarrow \text{I.} \\ \text{II.} \rightarrow 2 \cdot \text{I.} - \text{II.} \end{matrix}$

$\begin{pmatrix} 1 & 3 & 5 & -3 & 4 \\ 0 & 2 & 4 & -2 & 0 \end{pmatrix}$

Auch wenn es vielleicht nicht jeder erkennt: Diese Matrix ist schon in Dreiecksform! Wir zählen also 2 unabhängige Zeilen → Der Rang ist 2.

b) $\begin{pmatrix} 1 & 7 \\ 4 & 28 \end{pmatrix}$ $\begin{matrix} \text{I.} \rightarrow \text{I.} \\ \text{II.} \rightarrow 4 \cdot \text{I.} - \text{II.} \end{matrix}$

$\begin{pmatrix} 1 & 7 \\ 0 & 0 \end{pmatrix}$

Hier bleibt nur eine Nicht-Nullzeile übrig.
Also ist der Rang der Matrix gleich 1.

c) $\begin{pmatrix} 1 & 3 & 5 \\ 2 & -4 & 6 \\ 4 & 2 & 4 \end{pmatrix}$ $\begin{matrix} \text{I.} \rightarrow \text{I.} \\ \text{II.} \rightarrow 2 \cdot \text{I.} - \text{II.} \\ \text{III.} \rightarrow 2 \cdot \text{II.} - \text{III.} \end{matrix}$

$\begin{pmatrix} 1 & 3 & 5 \\ 0 & 10 & 4 \\ 0 & -10 & 8 \end{pmatrix}$ $\begin{matrix} \text{I.} \rightarrow \text{I.} \\ \text{II.} \rightarrow \frac{1}{2} \cdot \text{II.} \\ \text{III.} \rightarrow \text{II.} + \text{III.} \end{matrix}$

$\begin{pmatrix} 1 & 3 & 5 \\ 0 & 10 & 4 \\ 0 & 0 & 12 \end{pmatrix}$

Bei c) beweist das Gauß-Verfahren, dass alle drei Zeilen dieser Matrix unabhängig sind. Der Rang der Matrix ist 3.

Aufgabe 8: Vektor-Basis

Gib eine Basis für den Vektorraum an, den die gegebenen Vektoren erzeugen.

a) $\vec{v}_1 = \begin{pmatrix} 1 \\ 2 \end{pmatrix}$ $\vec{v}_2 = \begin{pmatrix} -1 \\ 0 \end{pmatrix}$ $\vec{v}_3 = \begin{pmatrix} 0 \\ 3 \end{pmatrix}$ $\vec{v}_4 = \begin{pmatrix} 2 \\ 2 \end{pmatrix}$

b) $\vec{v}_1 = \begin{pmatrix} -3 \\ -2 \\ 1 \\ -6 \end{pmatrix}$ $\vec{v}_2 = \begin{pmatrix} 1 \\ 2 \\ -1 \\ 2 \end{pmatrix}$ $\vec{v}_3 = \begin{pmatrix} 3 \\ 3 \\ 0 \\ 6 \end{pmatrix}$ $\vec{v}_4 = \begin{pmatrix} -1 \\ 0 \\ -3 \\ -2 \end{pmatrix}$

Lösung

Auch hier sei es mir verziehen, wenn ich das Thema nur sehr kurz anreiße. Gefragt ist letztlich eine kleinstmögliche Anzahl von linear unabhängigen (Basis-)Vektoren, deren Linearkombination in der Lage ist, alle Vektoren zu erzeugen, die schon durch die Linearkombination der gegebenen Vektoren erzeugt werden können. Auch hierzu kann man – wen überrascht es noch – das Gauß-Verfahren verwenden.

a) Die gegebenen Vektoren $\vec{v}_1$ bis $\vec{v}_4$ sind in der Lage, mit ihrer Linearkombination den V^2 zu erzeugen („aufzuspannen"), also jeden Vektor $\begin{pmatrix} x_1 \\ x_2 \end{pmatrix}$ mit $x_1 \in \mathbb{R}$ und $x_2 \in \mathbb{R}$.

$$a_1 \cdot \vec{v}_1 + a_2 \cdot \vec{v}_2 + a_3 \cdot \vec{v}_3 + a_4 \cdot \vec{v}_4 = \begin{pmatrix} x_1 \\ x_2 \end{pmatrix}$$

Mit etwas Übung erkennt man hier auf den ersten Blick, dass bereits zwei beliebige der gegebenen vier Vektoren als Basis des V^2 genügen würden, also in Linearkombination jeden Vektor des V^2 darstellen bzw. erzeugen könnten. Wenn man es nicht gleich erkennt, was bei größeren Systemen (z.B. bei b) auch für Experten gilt, kann man folgendes Lösungsschema verwenden.

Die Vektoren werden als Zeilen in eine Matrix übertragen. Anschließend wird diese in die Dreiecksform gebracht. Dann steht letztlich jede von der Nullzeile verschiedene Zeile für einen Basisvektor.

$$\begin{pmatrix} 1 & 2 \\ -1 & 0 \\ 0 & 3 \\ 2 & 2 \end{pmatrix} \begin{matrix} \text{I.} \rightarrow \text{I.} \\ \text{II.} \rightarrow \text{I.} + \text{II.} \\ \text{III.} \rightarrow \text{III.} \\ \text{IV.} \rightarrow 2 \cdot \text{I.} - \text{IV.} \end{matrix} \Rightarrow \begin{pmatrix} 1 & 2 \\ 0 & 2 \\ 0 & 3 \\ 0 & 2 \end{pmatrix} \begin{matrix} \text{I.} \rightarrow \text{I.} \\ \text{II.} \rightarrow \text{II.} \\ \text{III.} \rightarrow 3 \cdot \text{II.} - 2 \cdot \text{III.} \\ \text{IV.} \rightarrow \text{II.} - \text{IV.} \end{matrix} \Rightarrow \begin{pmatrix} 1 & 2 \\ 0 & 2 \\ 0 & 0 \\ 0 & 0 \end{pmatrix}$$

Aus der rechten Matrix wird die Basis bzw. die Basisvektoren zeilenweise herausgelesen:

$$\vec{b}_1 = \begin{pmatrix} 1 \\ 2 \end{pmatrix} \quad \vec{b}_2 = \begin{pmatrix} 0 \\ 2 \end{pmatrix}$$

b) Die gegebenen Vektoren $\vec{v}_1$ bis $\vec{v}_4$ wären selbst schon eine Basis, wenn sie den kompletten V^4 erzeugten, wenn sie also linear unabhängig wären. Dann dürfte in der Gauß-Matrix keine Nullzeile entstehen. Gibt es Nullzeilen, dann erzeugen $\vec{v}_1$ bis $\vec{v}_4$ einen Unterraum des V^4 und ihre Basis enthält weniger als 4 Vektoren. Alle redundanten Vektoren (bzw. Nullzeilen) müssen dann bei der Bestimmung der Basis entfernt werden.

$$\begin{pmatrix} -3 & -2 & 1 & -6 \\ 1 & 2 & -1 & 2 \\ 3 & 3 & 0 & 6 \\ -1 & 0 & -3 & -2 \end{pmatrix} \quad \begin{matrix} \text{I.} \to \text{I.} \\ \text{II.} \to \text{I.} + 3 \cdot \text{II.} \\ \text{III.} \to \text{I.} + \text{III.} \\ \text{IV.} \to \text{II.} + \text{IV.} \end{matrix}$$

$$\begin{pmatrix} -3 & -2 & 1 & -6 \\ 0 & 4 & -2 & 0 \\ 0 & 1 & 1 & 0 \\ 0 & 2 & -4 & 0 \end{pmatrix} \quad \begin{matrix} \text{I.} \to \text{I.} \\ \text{II.} \to \text{II.} \\ \text{III.} \to \text{II.} - 4 \cdot \text{III.} \\ \text{IV.} \to 2 \cdot \text{III.} - \text{IV.} \end{matrix}$$

$$\begin{pmatrix} -3 & -2 & 1 & -6 \\ 0 & 4 & -2 & 0 \\ 0 & 0 & -6 & 0 \\ 0 & 0 & 6 & 0 \end{pmatrix} \quad \begin{matrix} \text{I.} \to \text{I.} \\ \text{II.} \to \text{II.} \\ \text{III.} \to \text{III.} \\ \text{IV.} \to \text{III.} + \text{IV.} \end{matrix}$$

$$\begin{pmatrix} -3 & -2 & 1 & -6 \\ 0 & 4 & -2 & 0 \\ 0 & 0 & -6 & 0 \\ 0 & 0 & 0 & 0 \end{pmatrix}$$

Es entsteht eine Nullzeile. Das bedeutet $\vec{v}_1$ bis $\vec{v}_4$ können in Linearkombination nicht den gesamten V^4 erzeugen. Es entsteht ein Unterraum (eine Teilmenge) des V^4, der durch die Linearkombination von nur drei Basisvektoren $\vec{b}_1$ bis $\vec{b}_3$ erzeugt werden kann.

Zeilenweise Auslesen der Basisvektoren aus der Gauß-Matrix:

$$\vec{b}_1 = \begin{pmatrix} -3 \\ -2 \\ 1 \\ -6 \end{pmatrix} \quad \vec{b}_2 = \begin{pmatrix} 0 \\ 4 \\ -2 \\ 0 \end{pmatrix} \quad \vec{b}_3 = \begin{pmatrix} 0 \\ 0 \\ -6 \\ 0 \end{pmatrix}$$

Zusatzbemerkung für all die, die sich mit dem Thema Basis-Vektoren und Unterräume befassen (müssen): Ich habe diese Aufgabe so konzipiert, dass durch Linearkombination lediglich Vektoren des V^4 erzeugt werden können, deren letzte Koordinate x_4 jeweils doppelt so groß ist wie ihre erste Koordinate x_1.

Aufgabe 9: Mischungsverhältnisse mit Matrizen bestimmen

Diese Aufgabe stammt aus dem Teilgebiet „Rechnen mit Matrizen", welches in einigen Bundesländern fester oder wählbarer Bestandteil des Abiturs ist:

Eine Lackiererei bietet die Farben A, B, C, D an, die sich nach nebenstehender Tabelle aus den einzelnen Farbpigmenten rot, gelb und blau zusammensetzen. Ein Kunde möchte 26 l von Farbe D kaufen, die leider nicht mehr lagerhaltig ist.

Sorte	rot	gelb	blau
A	20%	0	80%
B	0	50%	50%
C	30%	40%	30%
D	15%	35%	50%

a) Gib an, mit welcher Kombination die fehlende Farbsorte D aus den anderen zusammengemischt werden kann!

b) Welche Menge von D könnte man anrühren, wenn von A gerade noch 10 l am Lager sind?

c) Warum ist es unmöglich, die Farbe B aus den anderen dreien anzumischen?
Hinweis: Das entsprechende LGS ist eindeutig lösbar!

Lösung

a) Es ist hilfreich, sich zunächst zu überlegen, wie EIN Liter von D angemischt werden könnte. Seien a, b und c die Mengenangaben in Liter, mit denen die Zutaten Farbe A, B bzw. C in die Mischung eingehen.

Dann könnte man hübsch mathematisch den Zutaten-Mengen-Vektor $\vec{x}$ beschreiben mit:

$$\vec{x} = \begin{pmatrix} a \\ b \\ c \end{pmatrix}$$

Wir erhalten ein LGS, bei dem a, b und c die Unbekannten sind.

In der Schreibweise der Matrizen-Multiplikation:

$$\begin{pmatrix} 0{,}2 & 0 & 0{,}3 \\ 0 & 0{,}5 & 0{,}4 \\ 0{,}8 & 0{,}5 & 0{,}3 \end{pmatrix} \times \vec{x} = \begin{pmatrix} 0{,}15 \\ 0{,}35 \\ 0{,}5 \end{pmatrix}$$

In der Schreibweise eines LGS:

$$\begin{aligned} &(\text{I.}) \quad 0{,}2a + 0b + 0{,}3c = 0{,}15 \\ &(\text{II.}) \quad 0a + 0{,}5b + 0{,}4c = 0{,}35 \\ &(\text{III.}) \quad 0{,}8a + 0{,}5b + 0{,}3c = 0{,}5 \end{aligned}$$

Und in der Schreibweise als Gauß-Matrix:

$$\left(\begin{array}{ccc|c} 0{,}2 & 0 & 0{,}3 & 0{,}15 \\ 0 & 0{,}5 & 0{,}4 & 0{,}35 \\ 0{,}8 & 0{,}5 & 0{,}3 & 0{,}5 \end{array}\right) \quad \begin{array}{l} \text{I.} \to 20 \cdot \text{I.} \\ \text{II.} \to 20 \cdot \text{II.} \\ \text{III.} \to 20 \cdot \text{I.} - 5 \cdot \text{III.} \end{array}$$

$$\left(\begin{array}{ccc|c} 4 & 0 & 6 & 3 \\ 0 & 10 & 8 & 7 \\ 0 & -2{,}5 & 4{,}5 & 0{,}5 \end{array}\right) \quad \begin{array}{l} \text{I.} \to \text{I.} \\ \text{II.} \to \text{II.} \\ \text{III.} \to \text{II.} + 4 \cdot \text{III.} \end{array}$$

$$\left(\begin{array}{ccc|c} 4 & 0 & 6 & 3 \\ 0 & 10 & 8 & 7 \\ 0 & 0 & 26 & 9 \end{array}\right) \quad \begin{array}{rcl} 4a + 6 \cdot \frac{9}{26} = 3 & \Rightarrow & a = \frac{3}{13} \approx 0{,}2308 \\ 10b + 8 \cdot \frac{9}{26} = 7 & \Rightarrow & b = \frac{11}{26} \approx 0{,}4231 \\ 26c = 9 & \Rightarrow & c = \frac{9}{26} \approx 0{,}3462 \end{array} \quad \vec{x} = \begin{pmatrix} 3/13 \\ 11/26 \\ 9/26 \end{pmatrix}$$

Die Dreiecksform gibt die Mengen für 1 l von Farbe D vor. Wäre eine Widerspruchszeile entstanden, dann wäre es ausgeschlossen, Farbe D mit den anderen anzumischen. Hätten wir eine Nullzeile bekommen, so hätte man mehr als eine Möglichkeit zum Anmischen von Farbe D. Da der Kunde nicht einen, sondern 26 l bestellt, sind die Mengen a, b, c entsprechend zu multiplizieren: $26 \cdot a = 6 \quad 26 \cdot b = 11 \quad 26 \cdot c = 9$

Man braucht also: 6 Liter von Farbe A, 11 Liter von Farbe B und 9 Liter von Farbe C.

b) Mathematiker bezeichnen Farbe A hier als „Engpass". In folgender Vektorgleichung gibt der Skalar m an, wie viele Male genau ein Liter gemischt werden kann, bis die Farbsorte A aufgebraucht ist. Dabei kann man sich zur besseren Übersicht die Variablen b_{10} und c_{10} als die entsprechenden zugehörigen Mengen der anderen, unbegrenzt vorhandenen Farben hinzunehmen. Dann liefert das zeilenweise Auswerten der Vektorgleichung (bitte kein Gauß-Verfahren, das wäre hier maßlos übertrieben!) die Ergebnisse:

$$m \cdot \begin{pmatrix} 3/13 \\ 11/26 \\ 9/26 \end{pmatrix} = \begin{pmatrix} 10 \\ b_{10} \\ c_{10} \end{pmatrix} \quad \begin{array}{l} \Rightarrow m = 10 \cdot \frac{13}{3} = \frac{130}{3} \approx 43{,}33 \\ \Rightarrow b_{10} = m \cdot \frac{11}{26} = \frac{55}{3} \approx 18{,}33 \\ \Rightarrow c_{10} = m \cdot \frac{9}{26} = 15 \end{array}$$

Die gesamte entstehende Menge von Farbe D errechnet sich also zu:

$m = 43{,}33$ oder $10 + b_{10} + c_{10} = 10 + 18{,}33 + 15 = 43{,}33$

Es können also maximal 43,33 l von Farbe D angemischt werden. b_{10} und c_{10} gehören eigentlich nicht zur Antwort, mancher Lehrer würde sie aber wohl gerne hier sehen.

c) Bei dieser Aufgabe hast du noch einmal die Chance, auszuprobieren, ob du den bei a gezeigten Ansatz selbst entwickeln kannst. Gesucht ist jetzt der Lösungsvektor $\vec{x}$ der folgenden Gleichung:

$$\begin{pmatrix} 0{,}2 & 0{,}3 & 0{,}15 \\ 0 & 0{,}4 & 0{,}35 \\ 0{,}8 & 0{,}3 & 0{,}5 \end{pmatrix} \times \vec{x} = \begin{pmatrix} 0 \\ 0{,}5 \\ 0{,}5 \end{pmatrix} \qquad \text{mit} \quad \vec{x} = \begin{pmatrix} a \\ c \\ d \end{pmatrix}$$

Dabei sind a, c, d die Mengen der Zutaten Farbe A, Farbe C und Farbe D pro Liter von B.

$$\left(\begin{array}{ccc|c} 0{,}2 & 0{,}3 & 0{,}15 & 0 \\ 0 & 0{,}4 & 0{,}35 & 0{,}5 \\ 0{,}8 & 0{,}3 & 0{,}5 & 0{,}5 \end{array}\right) \qquad \begin{array}{l} \text{I.} \rightarrow 20 \cdot \text{I.} \\ \text{II.} \rightarrow 20 \cdot \text{II.} \\ \text{III.} \rightarrow 20 \cdot \text{I.} - 5 \cdot \text{III.} \end{array}$$

$$\left(\begin{array}{ccc|c} 4 & 6 & 3 & 0 \\ 0 & 8 & 7 & 10 \\ 0 & 4{,}5 & 0{,}5 & -2{,}5 \end{array}\right) \qquad \begin{array}{l} \text{I.} \rightarrow \text{I.} \\ \text{II.} \rightarrow \text{II.} \\ \text{III.} \rightarrow 9 \cdot \text{II.} - 16 \cdot \text{III.} \end{array}$$

$$\left(\begin{array}{ccc|c} 4 & 6 & 3 & 0 \\ 0 & 8 & 7 & 10 \\ 0 & 0 & 55 & 130 \end{array}\right) \qquad \begin{array}{rcl} 4a + 6 \cdot (-\tfrac{9}{11}) + 3 \cdot \tfrac{26}{11} = 0 & \Rightarrow & a = -\tfrac{6}{11} \approx -0{,}5455 \\ 8c + 7 \cdot \tfrac{26}{11} = 10 & \Rightarrow & c = -\tfrac{9}{11} \approx -0{,}8182 \\ 55d = 130 & \Rightarrow & d = \tfrac{26}{11} \approx 2{,}3636 \end{array}$$

Lässt sich also doch ein Liter von Farbe B anmischen? Immerhin haben wir ja eine eindeutige Lösung mit klaren Mengenangaben a, c, d, oder?

Wie sollte das denn bitteschön aussehen? Man nehme 2,36 l von Farbe d und auf wundersame Weise schafft man es, daraus wieder 0,55 l von Sorte A und 0,82 l von Sorte c verdunsten zu lassen… Das geht natürlich bei Farben nicht! Negative Mengen können nicht hinzugemischt werden.

Wer gerne logisch denkt, anstatt vorgegebene Lösungsmethoden einfach abzuarbeiten – und dazu möchte ich ausdrücklich jeden ermutigen – der hätte vielleicht schon in der Tabelle aus der Aufgabenstellung erkennen können, das B nicht aus den anderen drei Farben angemischt werden kann. Die Sorte B enthält nämlich als einzige keine roten Farbpigmente. Das bedeutet: Was auch immer ich als erste Farbe in die Mischung nehme, ich werde die Mischung sofort mit roten Farbpigmenten verunreinigt haben, die dort nicht hinein gehören.

Aufgabe 10: Bonusaufgabe Elektrotechnische Netzwerkwerkanalyse

Diese Aufgabe gehört eigentlich in das Grundstudium Elektrotechnik, daher nenne ich sie die „Bonusaufgabe“. „Ein Bonus ist doch eigentlich etwas Schönes“, sagst du jetzt vielleicht. In der Tat ist das hier präsentierte Wissen die Basis für sehr viele schöne Dinge, die du kennst. Ohne die Netzwerkanalyse gäbe es keinen PC, keinen MP3-Player, ja noch nicht einmal den guten alten Röhren-Fernseher! Mit nur drei ganz elementaren Regeln kann man jedes Netzwerk berechnen, selbst wenn viele Spannungs- und Stromquellen darin sind.

Bestimme die skizzierten Spannungen und Ströme an den ohmschen Widerständen R_1, R_2 und R_3 im dargestellten Spannungsteiler.

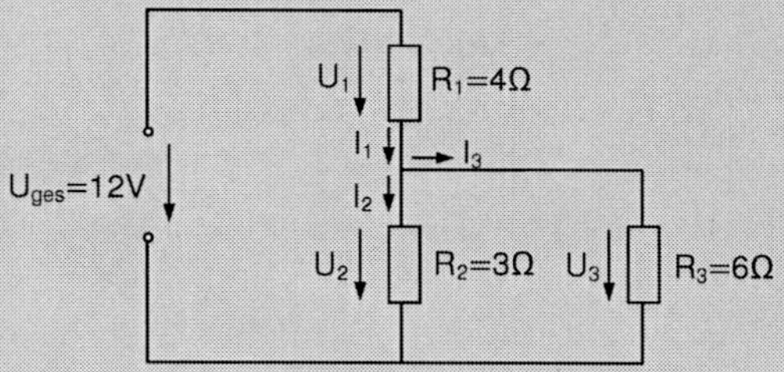

Lösung

Ich bin nicht sicher, ob sich dir die Faszination erschließt, die viele Naturwissenschaftler empfinden, wenn man sehr kompliziert erscheinende Naturphänomene mit ganz wenigen einfachen Regeln in mathematischen Modellen abbilden kann. Hier sind es nur drei Regeln[1]:

1. Die Summe aller Spannungen entlang einer Masche ist Null.
2. Die Summe aller Ströme, die an einem Knotenpunkt anliegen, ist Null.
3. Das ohmsche Gesetz $I=\frac{U}{R}$

Allein damit kann man die entsprechenden mathematischen Beziehungen aufstellen und kommt schließlich (wen wundert es noch in diesem Buch), zu einem LGS.

Maschen-Gleichungen: → mit Einsetzen von: → LGS:

$$-U_{ges}+U_1+U_2=0$$
$$-U_2+U_3=0$$

Knoten-Gleichungen:

$$-I_1+I_2+I_3=0$$

mit Einsetzen von:

$$U_{ges}=12$$
$$I_1=\frac{U_1}{R_1} \quad I_2=\frac{U_2}{R_2} \quad I_3=\frac{U_3}{R_3}$$
$$R_1=4 \quad R_2=3 \quad R_3=6$$

LGS:

$$\begin{aligned} U_1 + U_2 \qquad &= 12 \\ -U_2 + U_3 &= 0 \\ -\tfrac{1}{4}U_1+\tfrac{1}{3}U_2+\tfrac{1}{6}U_3 &= 0 \end{aligned}$$

[1] Regel 1 und 2 sind auch als erstes und zweites Kirchhoffsches Gesetz bekannt.

Lösen mit dem Gauß-Verfahren:

$$\left(\begin{array}{ccc|c} 1 & 1 & 0 & 12 \\ 0 & -1 & 1 & 0 \\ -1/4 & 1/3 & 1/6 & 0 \end{array}\right) \quad \begin{array}{l} \text{I.} \to \text{I.} \\ \text{II.} \to \text{II.} \\ \text{III.} \to \text{I.} - 4 \cdot \text{III.} \end{array}$$

$$\left(\begin{array}{ccc|c} 1 & 1 & 0 & 12 \\ 0 & -1 & 1 & 0 \\ 0 & 7/3 & 2/3 & 12 \end{array}\right) \quad \begin{array}{l} \text{I.} \to \text{I.} \\ \text{II.} \to \text{II.} \\ \text{III.} \to \frac{7}{3} \cdot \text{II.} + \text{III.} \end{array}$$

$$\left(\begin{array}{ccc|c} 1 & 1 & 0 & 12 \\ 0 & -1 & 1 & 0 \\ 0 & 0 & 3 & 12 \end{array}\right) \quad \begin{array}{llll} \Rightarrow & U_1 + 4 = 12 & \Rightarrow & U_1 + 4 = 8V \\ \Rightarrow & -U_2 + 4 = 0 & \Rightarrow & U_2 = 4V \\ \Rightarrow & 3U_3 = 12 & \Rightarrow & U_3 = 4V \end{array}$$

Einsetzen der Ergebnisse zur Bestimmung der Ströme:

$$I_1 = \frac{U_1}{R_1} = \frac{8}{4} = 2A \qquad I_2 = \frac{U_2}{R_2} = \frac{4}{3} \approx 1{,}33A \qquad I_3 = \frac{U_3}{R_3} = \frac{4}{6} \approx 0{,}67A$$

Im Physikunterricht der Mittelstufe werden zur Berechnung eines solchen Spannungsteilers andere Formeln unterrichtet, die bei so kleinen Netzwerken auch locker ausreichen. Sobald es aber etwas komplizierter wird, stößt man damit schnell an die Grenzen[1]. Dann muss man so vorgehen wie hier beschrieben und die entstehenden sehr großen Gleichungssysteme sind ohne Gauß-Verfahren kaum noch zu beherrschen. Falls du also vielleicht Elektrotechnik im 1. Semester studierst, nehme ich Dankschreiben für die Aufnahme dieser Aufgabe in dieses Buch gerne entgegen ☺. Alle anderen möchten bitte auf entsprechende Protest-Emails verzichten…

Insgesamt konnte ich hoffentlich mit meiner Auswahl von Aufgaben zeigen, wie vielseitig das Gauß-Verfahren einsetzbar ist. Auch wenn die letzte Aufgabe sicherlich nicht in das Mathe-Abitur gehört, ist dir hoffentlich klar geworden, wie viele Anwendungen es für das Gauß-Verfahren bei den klassischen Abituraufgaben gibt.

[1] Schon die sogenannte „Wheatstone-Brücke“, eine Schaltung mit nur 5 ohmschen Widerständen an einer einzigen Spannungsquelle, benötigt zur Berechnung der Teil-Ströme und Teil-Spannungen die Regeln der Netzwerkanalyse.

4. Glossar

Analytische Geometrie	Lehre von der Untersuchung geometrischer Zusammenhänge in Ebene und Raum. Da hierfür zumeist die Vektorrechnung zum Einsatz kommt, werden analytische Geometrie und Vektorrechnung in der Regel in einem Atemzug genannt bzw. synonym verwendet.
Äquivalenz-Umformung	Die Rechenoperation, die man rechts neben eine Gleichung schreibt, meistens um nach der Unbekannten aufzulösen, manchmal aber auch um eine Gleichung z.B. hochzumultiplizieren. Durch Äquivalenzumformungen verändert sich die mathematische Aussage bzw. Forderung nicht, die in einer Gleichung enthalten ist.
Dimensionslose Größe	Eine „nackte" Zahl ohne Buchstaben, ohne Einheit und ohne Variable (also z.B. nicht „1m" für 1 Meter oder „3z"für 3 mal z). Bei LGS empfiehlt es sich zur Anwendung vom Gauß-Verfahren bzw. Additionsverfahren, die dimensionslose Größe allein auf eine Seite der Gleichung zu bringen, falls dies nicht schon gegeben ist.
Dreiecksform	Ein LGS befindet sich in der Dreiecksform (auch: Stufenform, gestaffelte Form, gestaffeltes System, Trapezform), wenn jede Zeile in der Gauß-Matrix mindestens so viele führende Nullen enthält, dass unterhalb der Hauptdiagonalen keine Koeffizienten mehr vorhanden sind. Die Dreiecksform gibt Auskunft über die Lösbarkeit des LGS und ermöglicht in wenigen Schritten die Angabe einer Lösungsmenge. Siehe auch S. 24
Freiheitsgrad	Die Anzahl der Freiheitsgrade gibt die Anzahl der frei wählbaren Variablen an, wenn ein Gleichungssystem unendlich viele Lösungen hat. Bleiben am Ende der Rechnung z.B. zwei unabhängige Gleichungen mit drei Unbekannten, so hat man einen Freiheitsgrad. Bleibt sogar nur eine Gleichung mit drei Unbekannten, so hat man zwei Freiheitsgrade.
Homogene LGS	LGS, bei denen in allen Gleichungen keine dimensionslose Größe vorkommt bzw. bei denen die rechte Seite (die „Lösungsseite", dimensionslose Größe) jeder Gleichung überall gleich Null ist. Diese Systeme haben immer die Triviallösung, manchmal aber noch weitere Lösungen.
Inhomogene LGS	LGS, bei denen in mindestens einer der Gleichungen eine dimensionslose Größe vorkommt bzw. bei denen auf der rechten Seite (der „Lösungsseite") des Systems in mindestens einer Gleichung ein von Null verschiedener Wert steht.
Koeffizient	Der Vorfaktor einer Variablen, z.B. ist bei –5x der Koeffizient –5.
LGS	**L**ineare **G**leichungs**s**ysteme. Gleichungssysteme liegen immer dann vor, wenn mehrere Unbekannte in mehreren Gleichungen stehen, die gleichzeitig von diesen Unbekannten zu erfüllen sind. Bei linearen Gleichungen treten, wenn man sie gegebenenfalls noch in die entsprechende Form bringt, alle Variablen nur „linear" auf. Das bedeutet z.B. beim Auftreten der Variablen a, b und c, dass Operationen wie Potenzrechnung (a^2), einschließlich der Wurzelrechnung ($\sqrt{a}$) und Rechnung mit negativen ($a^{-3} = \frac{1}{a^3}$) Potenzen sowie die Multiplikation von Variablen untereinander ($a \cdot b$) verboten sind.
Lineare Algebra	Methodenlehre (also quasi das „mathematische Handwerkszeug") zur Beschreibung und zum Lösen von Problemstellungen mit LGS.
Linearkombination	Die Aneinanderreihung von Vektoren in einer Summe, wobei jeder Vektor einen Vorfaktor (einen Skalar, geometrisch gedeutet einen Streckfaktor) erhält.

Parameter	Eine Variable, die beim Rechnen und Umformen wie eine bekannte Zahl behandelt wird. Entsprechend gilt eine Aussage wie x=3p+5 als Lösung für x, wenn p ein Parameter ist.
Redundante Gleichung	Eine überflüssige Gleichung, d.h. eine Gleichung, die die Aussagen bzw. Forderungen der anderen Gleichungen dieses Gleichungssystems lediglich wiederholt. Jede redundante Gleichung des Ausgangssystems wird beim Gauß-Verfahren durch Entstehung einer Nullzeile offensichtlich. Redundante Gleichungen sind diejenigen Gleichungen eines LGS, die entfernt werden müssen, damit die übrigen Gleichungen zu unabhängigen Gleichungen werden.
Triviallösung	Die Lösung eines LGS heißt „trivial" (auf Deutsch: „offensichtlich, einfach"), wenn das LGS lösbar ist, indem man alle beteiligten Variablen gleich Null setzt. Homogene LGS haben immer die Triviallösung (und manchmal noch weitere Lösungen), inhomogene LGS niemals.
Überbestimmtes System	Ein Gleichungssystem, bei dem die Anzahl der Gleichungen (und damit die Anzahl der mathematischen Forderungen) größer ist als die Anzahl der Variablen. Wenn keine redundanten Gleichungen enthalten sind, ist so ein System unlösbar.
Unabhängige Gleichung	Eine Gleichung in einem Gleichungssystem, deren Forderung an die beteiligten Variablen nicht schon durch eine oder mehrere andere Gleichungen dieses Gleichungssystems gestellt wird. Das Gegenteil ist die „redundante" oder „abhängige Gleichung". Jede unabhängige Gleichung bringt damit eine neue Information in das Gleichungssystem.
Unterbestimmtes System	Ein Gleichungssystem, bei dem die Anzahl der Gleichungen (und damit die Anzahl der mathematischen Forderungen) kleiner ist als die Anzahl der Variablen. Wenn keine Widersprüche enthalten sind, hat ein solches System unendlich viele Lösungen.
Vektorrechnung	Lehre von den Rechengesetzen zum Umgang mit Vektoren. Die wichtigsten Unterschiede zur „normalen" Rechnerei mit Skalaren (also der gesamten Mittelstufen-Mathematik) sind, dass man jede Rechnung in der Regel für jede der zwei bzw. drei Raumrichtungen im Rahmen einer einzelnen Gleichung durchführen muss. Außerdem gibt es verschiedene Arten der Multiplikation (Skalarprodukt und Kreuzprodukt zweier Vektoren und Multiplikation eines Skalars mit einem Vektor), wohingegen die Division nicht erlaubt ist. Häufig steht eine einzelne Vektorgleichung für ein lineares Gleichungssystem mit mehreren Gleichungen.

Noch mehr Gauß-Verfahren geht nicht? Doch!

Vom gleichen Autor gibt es ein e-learning-Kurspaket zum Gauß-Verfahren, das kinderleicht am heimischen PC benutzt werden kann. Noch mehr Erklärungen, speziell zu diesen Themen:

- noch mehr Beispiele mit ausführlichen Erklärungen für den Anfänger
- noch mehr Erklärungen zu lösbaren und unlösbaren Gleichungssystemen
- noch mehr Erklärungen zur Unterscheidung von linearen und nicht-linearen Gleichungssystemen
- noch mehr Hinweise zu den verschiedenen alternativen Darstellungsformen in Lehrbüchern und Unterrichten
- das Gauß-Jordan Verfahren (die vollständig aufgelöste Matrix)
- Sonderteil: So finden Nachhilfe-Lehrer die Fehler schneller

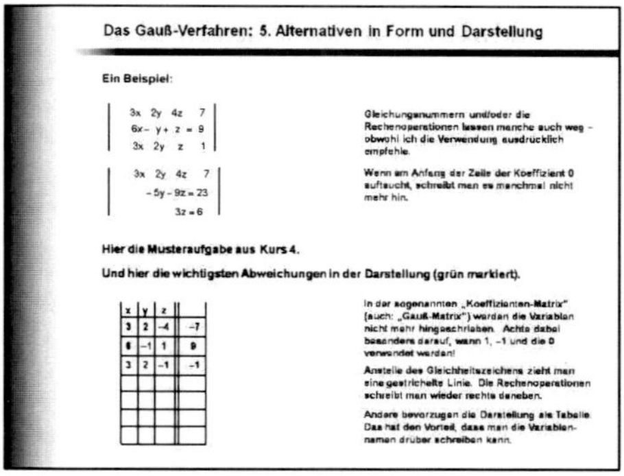

Und all das mit bewegten Text- und Grafik-Elementen, die ein intuitives Lernen ermöglichen. Das gesamte Kurspaket gibt es nur auf der Webseite des Autors. Es kostet zurzeit 7,95 Euro (Stand 2009, Änderungen vorbehalten).

Alles Weitere unter:

www.e-learning.mathe-dschungelfuehrer.de

Technische Voraussetzungen:

- Windows®-PC mit vorinstalliertem MS-Powerpoint® oder
- Windows®-PC, auf den der kostenlose MS-Powerpoint®-Viewer installiert wird.

Die Kurse können per Download oder per CD ausgeliefert werden.

Der Mathe-Dschungelführer – Der Nachhilfekurs zum Selbststudium

Mathematik für die Oberstufe, verständlich erklärt. Zu Themen wie Stochastik, Analysis und Lineare Algebra/Analytische Geometrie. Das gesamte Verlagsprogramm, immer aktuell, findest du auf → www.mathe-dschungelfuehrer.de

Hat dir dieses Buch geholfen?
Dann erzähl es bitte auch deinen Klassenkameraden, Freunden und Lehrern! Wenn du dieses Buch in einem Internet-Shop mit Bewertungsfunktion gekauft hast, dann schreibe dort bitte eine kurze Buchbewertung.

Du leistest damit einen wichtigen Beitrag, dass noch weitere Ausgaben vom Mathe-Dschungelführer entstehen. Denn es gibt noch viele Themen im Mathe-Dschungel, die geklärt werden müssen. Vielen Dank für dein Vertrauen in den Mathe-Dschungelführer!